데이터의 함정

데이터의

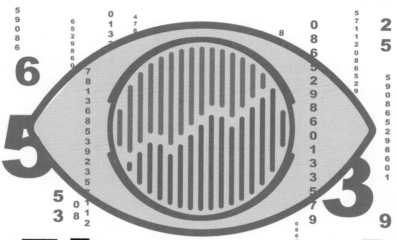

함 정

**숫자에 가려진
고객 인사이트를
포착하는 법**

앤디 맥밀런 · 자넬 에스테스 지음 | 이윤정 옮김

유엑스리뷰

들어가며

상상해 보자...

... 연례회의 자리에서 CEO가 연설하기 전, 당신이 제공한 경험을 좋아한다고 이야기하는 고객의 영상에 이내 시선을 빼앗긴다. 이어서 더 나은 경험을 제공하는 방법을 제안하는 장면이 나온다...

... 회사에서 출시한 신제품에 대한 고객의 피드백을 메신저 및 프로젝트 관리용 협업툴인 슬랙Slack을 통해 전 직원이 열람할 수 있다. 실제 고객이 신제품을 사용하는 모습과 고객의 의견을 볼 수 있다...

... 언제든지 고객과 직접 소통할 수 있다. 고객의 의견을 구할 수 있고, 수행한 일에 대한 의견도 빠르고 쉽게 얻을 수 있다...

... 회사에서 제공한 경험을 누리는 고객의 모습이 담긴 영상을 스트리밍해 주는 앱이 있다. 직원들은 가장 많이 시청한 고객의 영상, '최대 구매자' 등 특정 고객 세그먼트의 피드백, 경쟁 정보 채널 등을 볼 수 있다...

... 고객은 자발적으로 자신의 풍부한 관점을 제공한다. 고객이 그렇게 하는 이유는 당신이 제공하는 경험에 시간과 돈을 투자했고, 더 나은 경험

을 원하기 때문이다 ...

... 한 달에 한 번, 테스트 대상 고객 세그먼트에 관한 질문이나 고객의 관점을 수집할 때 물어야 하는 질문에 대해 의견을 제시해 달라는 요청을 받는다. 경쟁 제품에 대한 사용자 테스트와 새 광고 캠페인 중 어느 것을 하는 게 더 도움이 될지에 관한 의견도 낼 수 있다 ...

... 사무실에 출근해 휴게실에서 커피를 마시는데, 커피 메이커 위에 설치된 평면 스크린에서 고객의 모습이 담긴 영상이 나온다. 실제 고객이 최근에 시작한 마케팅 캠페인을 보고 어떻게 반응하는지 볼 수 있다 ...

... 매주 금요일, 당신의 휴대전화에 경쟁사가 제공한 경험을 누리는 고객의 모습이 담긴, 이번 주 가장 많은 댓글이 달린 영상을 시청하라는 알림이 울린다 ...

이 모든 것은 전사적으로 고객을 데이터가 아닌 인간으로서 이해하기 위한 노력으로, 이를 바탕으로 더 현명하고 공감할 수 있는 의사 결정을 내리게 된다. 이렇게 하면 인간적인 비즈니스를 할 수 있고, 모든 직원이 서비스를 제공하는 대상인 고객과 진정성 있고 의미 있는 관계를 구축할 수 있다.

전사적 이해는 궁극적으로 회사 직원들이 모든 논의와 활동, 결정
에 고객의 니즈를 반영하고, 더욱 신속하게 행동할 수 있도록 돕는다.
이러한 이해가 강화되면 자신들이 제공하는 경험에 대해 끊임없이 배
우고 개선하고자 하는 공통된 '열망'도 생긴다. 하지만 이는 기존의 비
즈니스 운영 방식과는 다르다. 너무 오랫동안 빅데이터, 분석, 설문조
사 등을 통해 고객이 누구인지, 무엇을 하는지, 무엇을 필요로 하는지
등 고객을 이해하는 데만 집중해 왔다. 가치는 있지만 불충분한 정보이
다. 우리는 결정적인 것을 놓치고 있었다. 바로 인간적인 관점이다.

실제로 고객이 되어 보면 어떨까? 고객의 눈으로 세상을 보면 어떤
느낌일까? 월마트의 창립자인 샘 월튼Sam Walton은 매장을 걸어 다니며
고객과 비즈니스 운영 방식을 직접 살펴보는 것으로 유명하지만, 대부
분의 팀은 그렇게 하지 않는다. 이제는 바뀌어야 한다. 그래야만 한다.

고객에게 주도권이 있는 시대에 살고 있지만, 고객과 점점 멀어지고
있다. 세상이 빠른 속도로 디지털 방식으로 변환되고 기술로 인해 고객
과 물리적 거리가 멀어지면서 서비스 제공자와 고객과의 거리, 팀 간의
거리는 더욱 벌어지고 있다. 그렇다면 어떻게 해야 할까? 이 거리를 어

떻게 좁힐 수 있을까? 답은 간단하다. 주요 의사 결정에 고객의 관점을 다시 반영하는 것이다. 손끝에 있는 수많은 데이터에 생생한 고객의 목소리를 입혀야 한다. 고객과 인간 대 인간으로 연결되고, 더욱 나은 경험을 제공할 수 있는 의사 결정을 내려야 한다.

'우리에게는 인사이트가 필요하다.'

책의 구성

이 책의 내용은 최대한 접근하기 쉽도록 실용적으로 구성했다.

1부에서는 기업이 어떻게 숫자에 집착하게 되었고, 고객과 대화하지 않게 되었는지, 왜 이러한 추세가 지속될 수 없는지에 대한 배경지식을 제공한다. 이에 대한 다양한 사례와 예시를 설명한다.

2부에서는 적합한 테스트 대상을 찾는 방법, 올바른 질문을 하는 방법, 찾은 내용을 이해하는 방법, 공통된 이해를 구축하는 방법, 알게 된 내용을 기반으로 조치하는 방법 등 사용자 테스트를 통해 인사이트를 얻는 기본 사항에 대해 알아본다.

3부에서는 인사이트를 수집하는 다양한 방법과 이를 마케팅 활동, 제품 개발 등 비즈니스의 다양한 부분에 적용하는 방법을 상세히 안내한다.

4부에서는 조직에 가장 중요한 문화적 변화를 불러일으켜 어디에나 인사이트를 적용할 수 있는 방법을 설명한다.

이 책이 고객 중심의, 더 나은 미래를 구축하는 데 도움이 되기를 바란다. 인사이트를 일상 업무와 의사 결정에 유기적이고 지속적으로 활용하는 미래가 펼쳐지길 바란다. 그것이 바로 우리가 꿈꾸는 미래이며, 지금 당장 실현할 수 있는 목표이다. 앞으로 해야 할 일은 고객을 진심으로 관찰하고, 그들의 말에 경청하여 고객에 대한 깊은 이해를 바탕으로 정보에 입각한 고객 중심의 의사 결정을 내리는 것이다. 앞으로 등장할 기술과 경험을 예측하기는 어렵지만, 한 가지 확실한 점은 경험 경제*에서 사람에 대한 인사이트는 고객과 연결고리가 되어 주는 핵심이라는 것이다.

---

* **경험 경제:** 이 용어는 점차 보편적으로 사용되고 있지만, 조셉 파인 2세B. Joseph Pine II와 제임스 길모어James H. Gilmore가 1998년 하버드 비즈니스 리뷰의 "경험 경제에 오신 것을 환영합니다.Welcome to the Experience Economy"라는 기사에서 처음 사용했다. 앞으로 여러 장에서 이에 대한 핵심 내용을 살펴볼 것이다.

차례

들어가며 **4**   책의 구성 **8**

1부
도전과제
고객을 데이터가 아닌 인간으로 이해하라

1장   **경험 경제에서 경쟁하기**   **15**
: 고객 이해가 부족한데도 성공하는 회사

2장   **잃어버린 차원**   **34**
: 인사이트는 어떻게 좋은 경험을 만드는가

2부
솔루션
인사이트는 고객 중심적 행동의 원동력

3장   **당신이 찾으려는 것은 무엇인가**   **59**
: 원하는 학습 목표에 맞게 사용자 테스트를 디자인하라

4장   **고객을 당신과 동일시하지 말라**   **81**
: 중요한 관점에 접근하는 방법

5장   **포착하고 분석하기**   **94**
: 소음 속에서 신호를 포착하는 방법

6장   **인사이트 실행하기**   **110**
: 얻은 정보를 어디에 어떻게 적용할지 결정하라

3부 ──────────────────────────────

실전 가이드

인사이트는 비즈니스에 어떻게 적용되는가

7장   **제품 개발**   **123**
: 사랑받는 제품을 만들라

8장   **마케팅**   **155**
: 고객의 머릿속으로 들어가라

9장   **모든 팀은 경험의 주인**   **195**
: 고객의 전체 경험을 최적화하라

4부 ──────────────────────────────

문화적 변화

전사적으로 인사이트를 적용하라

10장   **상향식**   **229**
: 풀뿌리 운동

11장   **하향식**   **249**
: 경영진은 어떻게 변화를 지지하고 이끌 수 있는가

저자의 말 **264**   감사의 말 **266**   당부의 말 **267**

1부

도전과제

고객을 데이터가 아닌 인간으로 이해하라

USER TESTED

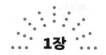

경험 경제에서 경쟁하기
고객 이해가 부족한데도 성공하는 회사

당신은 고객이 비즈니스의 중심이라고 생각하는가?

제정신이라면 이 질문에 '아니오'라고 대답할 비즈니스 리더는 없겠지만, 한 가지 슬픈 현실은 기업의 많은 리더가 고객의 니즈, 아이디어, 피드백을 깊이 이해하지 않고 입에 발린 소리만 한다는 것이다. 이러한 관성은 혁신의 속도에서 비롯된 측면이 있다. 디지털 세상이 등장하고 발전하면서 기업들은 적은 초기 투자와 인력만으로도 어느 때보다 빠르게 규모를 확장할 수 있었다.

값비싼 장비와 간접 비용이 필요한 동네 헬스장에 수만 달러를 쏟아붓는 대신, 단 200 달러만으로 체중 감량과 근육량 증가를 돕는 앱을 개발할 수 있다. 새로운 학술기관을 설립하는 대신, 온라인 학습 플랫폼에 전문 지식과 정보를 축적할 수 있다. 오프라인 소매 사업을 시작하기 위해 2년 동안 장소를 물색하고, 공급업체를 찾고, 계약 협상을 하기보다 이틀 동안 이커머스 인프라와 공급망을 구축하면 된다.

발전 속도는 어지러울 정도로 빠르고, 이미 당신도 이런 현실을 알고 있을 것이다. 빠른 시간 내에 수익을 창출할 수 있게 되면서 엄청난 수의 사업체가 생겨났고, 이중 상당수가 거의 동일한 제품을 판매하고 있다. 치열한 경쟁 속에서 고객 경험은 핵심적인 차별화 요소이자 고객 충성도를 높이는 원동력이다.

고객은 자신이 존중받고 있다고 느낄까? 어떠한 어려움 없이 새로운 계정을 만들 수 있는가? 처음 사용하는 사람도 쉽고 즐겁게 사용할 수 있는 앱인가? 회사의 신제품에 고객의 니즈가 반영되어 있는가? 고객이 회사와 연결되어 있다고 느끼는가?

오늘날 고객은 자신이 지지하는 제품과 서비스, 브랜드를 통해 멋진 경험을 하길 기대한다. 엄청난 성공을 거둔 많은 기업이 현실을 인지하고, 고객의 기대를 뛰어넘는 경험을 제공하는 것을 우선순위에 두고 있다.

스포티파이Spotify의 사례를 살펴보자. 음원 스트리밍 서비스 스포티

데이터의 함정

파이의 브랜드 인지도와 시장 점유율을 제고하는 데 핵심적인 역할을 한 것은 개인화였다. 스포티파이는 2021년 여름에 '온리유Only You' 기능을 도입해 한 단계 더 높은 개인화를 실현했다. 스포티파이 앱에만 존재하는 온리유 기능은 청취 데이터를 분석해 각 개인의 취향에 맞는 아티스트와 노래, 장르, 청취 패턴을 찾아낸다.

스포티파이의 인기 기능인 연말 결산 서비스 랩드Wrapped와 마찬가지로 온리유 콘텐츠는 소셜 미디어를 통해 쉽게 공유할 수 있다. 새 위클리 추천곡Discover Weekly, 신곡 레이더Release Radar, 데일리 믹스Daily Mix와 함께 나만의 맞춤 플레이리스트에 추가된 온리유 콘텐츠는 각각의 청취자에게 맞는 특별한 사용자 경험을 창출하려는 스포티파이의 노력이 돋보인다.

2021년 스포티파이가 3억 2,000만 명이 넘는 일일 사용자와 1억 4,400만 명이 넘는 월간 유료 구독자를 보유한 세계적인 온디맨드 음원 플랫폼으로 성장한 반면, 경쟁사인 판도라Pandora의 월간 사용자와 구독자는 각각 5,590만 명과 640만 명으로 감소했다. 스포티파이의 성공은 분명히 사용자에 집중하는 전략에 기인한 것이며, 사람들은 점점 더 높은 수준의 개인화를 선호하고 기대하고 있다.

소비자들이 같은 범주 내의 경험뿐만 아니라 자신이 소비하는 모든 제품, 서비스, 브랜드의 경험을 비교하면서 경험에 대한 기대치가 계속 높아지고 있다. 예를 들어, 온라인으로 옷을 구매하고 매장에서 픽업한 경험을 스마트폰 앱으로 음식점을 예약한 경험과 비교한다. 앱을 통한 직관적이고 신속한 예약 경험은 소매 거래 경험과 다르지만, 소비자는 개의치 않는다. 소비자들은 이 두 경험에서 동일한 수준의 편의성과 통합성을 기대한다.

유려한 디자인과 시의적절한 감성 트렌드를 적절히 섞으면 경쟁사와 차별화될 수 있으며, 믿기 힘들 정도로 앞서갈 수 있다.

연구에 따르면 고객들은 더 즐거운 경험을 제공하는 기업을 선택하고, 이 기업과 유대감이 형성되면 충성도를 계속 유지하는 것으로 나타났다. 다른 기업의 유사한 제품이나 서비스가 더 저렴하고 신속하게 제공되더라도 최고의 경험을 선사할 수 있는 믿을 만한 기업을 선호한다.

항공사의 사례를 살펴보자. 미국에서 사람들이 가장 기피하는 5대 산업 중 하나로 꼽히는 항공 산업은 사람들의 기대 수준이 매우 낮은 편이다. 초과 수하물 요금, 유료 좌석 등이 등장했고, 무료로 제공되던 서비스를 유료로 이용하게 된 고객들이 이를 개인의 손실이라 느끼면서 여론이 악화되었기 때문이다.

하지만 미국 여행 협회U.S. Travel Association는 여행객의 60%가 높은 효율과 더 나은 선택을 위해 추가 요금을 지불할 의향이 있다는 사실을 밝혀냈다. 코로나19 동안 설문조사에 참여한 여행객들은 일반 요금의 최대 17%를 추가로 지불할지라도 중간 좌석을 비운 채 운항하는 노선을 이용할 의향이 있다고 답했으며, 다른 항공사들이 중간 좌석을 비우는 정책을 철회한 후에도 이 정책을 고수한 델타항공만이 미국의 고객 만족도 지수에서 1위를 차지했다.

이는 한 가지 사례에 불과하며, 특별한 경우도 아니다. 고객 경험이 우수한 브랜드는 경쟁사보다 5.7배 더 많은 매출을 올렸고, 고객의 73%가 좋은 경험이 브랜드 충성도에 영향을 미친다고 답했다. 충성 고객 유지보다 신규 고객 확보에 훨씬 큰 비용이 소요된다는 사실은 MBA 졸업생이라면 누구나 아는 사실이므로 눈여겨볼 만한 소식이다. 그러나 많은 비즈니스 리더가 이 사실을 알면서도 기술에 능하고 안목이 높은 소비자를 만족시키려고 노력한다. 분석, 설문조사, 고객 데이터베이스에 돈을 쏟아붓고 방대한 데이터를 수집하면 선도 기업으로 부상하는 데 유리할 것이라고 생각한다.

그러나 이는 전혀 사실이 아니다.

많은 기업이 고객 데이터를 수집하고 분류하고 해석하는 데 수십억 달러를 지출하지만, 정작 데이터를 생성한 고객들을 잘 이해하지 못한다. 그들은 고객의 문제를 해결하기 위해 새로운 제품이나 기능을 만들기도 한다. 그러나 그 문제가 왜 발생했고, 왜 해결할 가치가 있는지는 이해하지 못한다. 고객 세분화는 잘하지만, 고객의 구매 동기와 동기 부여 요인을 이해하는 데에는 여전히 어려움을 겪고 있다. 동시에 앱 다운로드 횟수와 전환율을 살펴보지만, 사람들이 경쟁사 앱을 이용하는 이유나 자사 앱을 이탈하는 이유는 알지 못한다.

고객 중 무려 84%가 기업과의 상호작용이 기대에 미치지 못한다고 답했고, 이는 우리가 결정적인 퍼즐 조각을 놓치고 있다는 증거이다. 이 퍼즐 조각은 진정한 고객의 관점, 즉 고객의 입장에서 고객의 눈으로 보고, 그들의 의견에 귀 기울이고, 고객이 기업과 상호작용할 때 느끼는 감정을 이해하는 능력이다. 많은 기업이 놓치고 있는 퍼즐 조각은 바로 사람에 대한 인사이트다.

언제부터 인간적 소통보다
데이터를 중요하게 생각했을까?

비즈니스 혁신을 위한 사고방식의 전환과 전략을 살펴보기 전에 인사이트를 통해서 어떻게 여기까지 왔는지부터 이해할 필요가 있다.

왜 많은 기업이 더 이상 고객과 대화하지 않고 고객을 관찰하지 않을까? 언제부터 기업은 고객의 눈으로 세상을 바라보는 것의 중요성을 잊기 시작했을까? 아니면 애초에 기업은 고객과 소통한 적이 없는 것일까?

다음은 지난 100년간 기술과 제조업이 발전함에 따라 고객의 관점에서 이해하려는 기업의 노력은 어떻게 변화했는지 간략하게 요약한

데이터의 함정

| 참고 자료 1.1 시대별 고객 이해 |

시기	시대	비즈니스의 동인	고객 이해 노력
1900· 1960	제조업의 시대	고품질 제품 생산 효율	이 시대에는 고객을 소모품 저장소로 간주하였다. 입소문을 통한 비공식적인 여론조사가 이루어졌지만, 고객을 이해하려는 공식적인 시도는 없었다.
1960 · 1990	유통의 시대	공급망 글로벌 판매 역량 더 많은 구매자에게 도달하기	글로벌 경제의 씨앗이 싹트면서 기업들이 새롭고 낯선 집단을 대상으로 판매를 시도하고, 구매자와 고객의 의견에 투자하기 시작했다. 마케팅 리서치와 고객의 소리Voice of Customer가 등장해 인기를 얻었다.
1990 · 2010	정보의 시대	전자상거래 속도	(개별) 고객을 이해하던 기존의 방법에서 조회 수와 구매를 추적해 고객 행동과 선호도의 상관관계를 파악하는 것으로 대체되었다. 디지털 경험으로 인해 고객에게 서비스를 제공하고 지원하는 팀이 분리되었다.
2010 · 현재	고객의 시대	차별화 브랜드 경험 구매 경험	세상이 디지털 경험 중심으로 전환되면서 고객이 운전대를 잡게 되었다. 기업은 고객과 상호작용하는 방식을 바꾸고, 고객의 니즈를 충족시키고 예측하며 특별한 경험을 제공해야 한다.

출처: 2013년 10월 포레스터 리서치Forrester Research '고객 시대의 경쟁 전략'

표이다.

경험을 원하는 소비자를 위해 기업이 경험을 명시적으로 디자인하고 홍보하는 경험 경제의 시대가 도래했다.

경영 컨설턴트인 조셉 파인 2세와 제임스 길모어가 1998년《하버드 비즈니스 리뷰》에서 최초로 정의한 경험 경제Experience Economy는 세계가 점점 디지털화되면서 관련성이 높아지고 있다.

현대의 고객은 자신의 라이프스타일과 가치관에 맞는 의사 결정을 내리고, 자신의 기대치를 뛰어넘는 제품과 서비스에 비용을 지불하여 경험 경제와 상호작용한다. 고객은 특정 기업이 만족스럽지 않으면 쉽게 다른 기업을 찾아 나선다.

고객의 변덕은 코로나19가 발발한 2020년에 극명히 드러났다. 맥킨지앤컴퍼니McKinsey & Company의 설문조사에 따르면 팬데믹 기간에 이용하던 브랜드를 다른 브랜드로 바꿨다고 답한 응답자는 40%로 2019년의 두 배 수준이었다. 이 같은 행동 변화의 주요 원인은 편의성이므로 정상적인 소비자 활동이 제한되는 시기에 나타나는 당연한 결과이다. 하지만 응답자의 40%는 자신의 가치관과 일치하는 브랜드를 찾고 있다고 답하기도 했다. 한때 좋아했던 브랜드라도 자신이 원하고 기대하는 수준의 경험이나 가치를 제공하지 못하면 기꺼이 버릴 수 있다는 것이다.

변화하는 고객의 니즈를 충족시키려면 부담과 비용이 크기 때문에 앱이나 웹 사이트, 고객 서비스를 통해 수집한 반복 구매, 로열티 프로그램 가입, 요청, 선호도 등의 고객 데이터를 활용하는 쪽을 선택하는 기업이 많다. 많은 비즈니스 리더들이 고객을 직접 만나 의견을 듣거나 관찰하기보다 쉽고 빠르며 비교적 적은 비용으로 얻을 수 있는 객관적인 수치가 더 정확하다고 믿게 된 것이다.

고객과 대화하기보다 설문조사를 실시하고, 매장을 방문하기보다는 데이터베이스를 들여다보며, 고객을 실시간으로 관찰하는 것보다 분석하는 것에 집중한다. 많은 기업이 숫자와 고객의 목소리를 종합적으로 판단해 의사 결정을 내리지 않고 숫자에만 의존한다.

그 결과 고객의 영향력은 그 어느 때보다 커졌지만, 정작 고객에게 서비스를 제공해야 하는 기업은 고객을 무시하는 것에 가까운 시대가 되었다. 《하버드 비즈니스 리뷰》에 따르면 프로덕트 매니저가 고객과 소통하는 시간은 업무 시간의 약 7%다. 평균적으로 CEO가 구매자에게 할애하는 시간은 일정의 약 3%다. 실제로는 수개월간 고객과 접촉도 하지 않으면서 자신들은 '고객 중심 기업'이라고 주장하는 셈이다. 심지어 수년 동안이나 고객과 접촉하지 않은 기업도 있다.

실질적으로 고객의 의견을 구하고 반영하는 소수의 기업이 데이터에만 매몰된 근시안적인 기업들보다 앞서가는 것은 당연한 이치이다.

훌륭한 경험은 고객에 대한 깊은 이해에서 나온다

객관적으로 중고차 구매는 예전부터 괴로운 경험이었다. 여러 매장을 돌아다니며 수십 대의 차량을 시승해 보고, 중개인이 중요한 정보를 말하지 않는 것은 아닐까 의심하면서 결국 원하는 모델이지만 마음에 들지 않는 색상의 차량으로 결정한 뒤, 무슨 말인지 모르겠는 서류에 서명하는 길고 지루한 과정이었다. 연구에 따르면 소비자의 81%가 중고차 구매 과정을 즐기지 않는다고 답할 정도로 심각했다.

일부 중고차 딜러 덕분에 영업직을 조롱하는 유머가 탄생하기도 했다. 여론조사 기관 갤럽이 진행한 설문조사에서 자동차 영업사원을 매우 신뢰한다고 응답한 비율은 고작 1%에 불과했다. 상당히 우울한 결과이지 않은가?

그럼에도 불구하고 중고차 시장은 거대한 시장에 속한다. 2019년 한 해 동안 미국에서 판매된 중고차는 약 4,100만 대였고 평균 거래 가격은 사상 최고인 20,618달러를 기록했으며, 매출로 측정한 중고차 시장의 규모는 2021년 초에 1,531억 달러에 달했다. 중고차를 구매하는 사람들의 불만을 발견하고 해결하는 사람은 큰돈을 벌 수 있었는데, 바로 그 일을 해낸 것이 카바나Carvana의 창립자들이다.

피닉스에 본사를 둔 기술 스타트업 카바나의 창업자들은 2012년에 중고차 시장의 판을 바꾸기로 결심했고, 이는 해결하고 싶은 문제가 있어서라기보다 전 세계 수백만의 자동차 구매자들이 같은 문제를 겪고 있다고 인지했기 때문이었다. 이들은 중고차 구매를 간단하고 즐거운 과정으로 만들고 싶었다.

카바나의 공동 창립자이자 최고 브랜드 책임자인 라이언 키튼Ryan Keeton이 말했다. "단순히 '온라인에서 거래되고 있지 않은 물건을 찾아서 온라인으로 거래해 보자'라는 생각으로 카바나를 설립한 것이 아닙니다. 저희는 사람들이 중고차를 구매하는 데 시간이 오래 걸려서 중고 자동차를 구매하는 경험을 좋아하지 않는다는 사실을 깨달았습니다."

그렇다. 키튼과 공동 창립자들은 숨겨진 수수료를 없애 소비자에게 전가되는 비용을 절감하고, 저렴한 가격에 중고차를 공급하는 비즈니스 모델을 추구하는 동시에 구매자에게 만족감을 주고 싶었다. 이들은 중고차를 고르고 값을 치르는 거래 과정을 쉽고 재미있으면서도 번거롭지 않게 만들고 싶었다.

그래서 중고차 매장을 직접 방문하지 않아도 차량의 내부와 외부를 360도로 살펴볼 수 있는 웹 사이트와 앱을 만들었다. 카바나는 모든 차량을 직접 구매하고 검토하며, 7일 이내에 환불을 요청하면 반품해 주는 정책을 시행했다. 자동차 할부 상품도 제공하고 있어 소비자들이 신용 점수에 구애받지 않고 맞춤형 할부 조건을 선택할 수 있다. 또 고객은 수만 대의 자동차를 살펴보고 익일 배송으로 받거나 직접 픽업해 갈 수도 있다. 직접 픽업할 경우, 자판기에서 차를 받으면 된다. 정말이다.

2014년 카바나는 애틀랜타에 최초로 다층형 차량 자판기를 도입해 2021년까지 자판기 수를 27대로 늘렸다. 자판기는 온라인으로 구매 절차를 완료하고 현장에서 차량을 수령하기로 선택한 고객에게 잊지 못할 특별한 경험signature experience을 선사한다. 현장을 방문한 고객은 황금토큰 1 파운드를 자판기에 넣기만 하면 차를 받을 수 있다. 카바나는 창업 초기에 떠올린 이 아이디어를 독일과 미국 디자인 회사와 함께 구현해 냈고, 이 자판기는 카바나의 상징이 되었다. 자판기가 제공하는 기발한 경험은 자동차 구매를 즐거운 경험으로 만들고자 하는 회사의 열망을 더욱 강화했다.

고객들은 편리함과 즐거움이라는 두 마리 토끼를 잡은 이 긍정적인 경험을 극찬했고, 반응은 열광적이었다.

"정말 간단했습니다. 차량을 인도받는 것도 좋고, 제가 원하는 차량을 쉽게 찾을 수 있었어요. 솔직히 말하면 자동차를 구매하는 과정 전체가 기분 좋은 경험이었습니다."

-카바나의 고객

"집 밖으로 나갈 필요가 없었어요. 영업사원과 흥정할 필요도 없었고요. 그냥 제가 편할 때 배송해 줘서 좋았고, 정말 쉬웠습니다."

-카바나의 고객

"경제성부터 고려해야 합니다. 고객이 무엇을 원하고 필요로 하는가? 이를 경쟁사보다 더 효율적으로 제공할 방법이 있는가? 우리의 답변은 '그렇다'였습니다." 카바나의 사장이자 대표이사 겸 회장인 어니

가르시아 3세Ernie Garcia III가 말했다. 이어 "경제성을 개선하면, 이를 바탕으로 고객에게 훌륭한 경험을 제공하는 문화를 구축할 수 있습니다. 이것이 바로 우리가 매일 추구하는 바입니다."라고 설명했다.

짧은 역사에도 불구하고 미국에서 두 번째로 큰 중고차 소매업체가 된 카바나의 미래는 밝아 보인다. 카바나의 주가는 꾸준히 상승했고, 전 세계가 팬데믹의 영향을 받은 2020년에는 (덕분에) 매출이 43% 증가했다. 중고차 구매자에게 독특하고 즐거운 경험을 꾸준히 제공할 수 있다면 지속해서 성공을 거둘 수 있을 것이다.

그러나... 고객의 제안을
있는 그대로 받아들이면 안 된다

최상의 고객 경험으로 유명한 또 다른 기업 타겟Target은 수십 년 동안 고객 선호도를 연구해 왔고, 변화하는 고객의 니즈에 적응해 왔다. 이 대형유통업체는 원래 계획했던 것보다 더 많이 소비하게 하는 것으로 유명하다. 타겟의 단골은 이 우연한 쇼핑 경험을 유쾌한 체념이라고 설명했다.

"액세서리 코너를 지나가다가 필요했던 액세서리를 발견했어요. 이제 의류 코너로 갔다가 가정용품 코너를 지나쳐야 하는데, 그러면 안 될 것 같아요. 또 사고 싶은 물건이 생길 테니까요. 무언가를 발견하는 설렘이 있어요…"

-타겟의 고객

"필요한 것과는 별개로 아주 많은 것들이 있어요. 감자칩 하나 사러 갔다가 500 달러를 쓰고 온다니까요."

-타겟의 고객

최근 몇 년 동안 타겟은 브랜드와 어떻게 상호작용하든 모든 고객이 동일한 수준의 서비스를 받을 수 있도록 원활한 옴니채널 환경을 구축하는 데 많은 투자를 했다. 2017년부터 70억 달러를 전략적으로 투자하여 공급망을 정비하고, 디지털 혁신으로 매장 경험을 재창조했다.

오프라인 쇼핑이 중요한 비즈니스 전략임을 알았던 CEO 브라이언 코넬Brian Cornell은 "전략의 중심은 매장입니다. 40억 달러 이상을 투자해 매장을 리모델링하고 매년 수백 개의 매장을 쇼룸, 주문 처리 허브, 서비스 센터로 전환하고 있습니다"라고 말했다.

타겟은 온라인 주문에 대한 직접 픽업과 드라이브 업drive up(온라인으로 주문한 상품을 지정한 시간에 자동차를 이용해 수령하는 것) 환경을 개선하고, 2017년 쉽트Shipt를 인수하면서 당일 배송 서비스도 개선했다. 덕분에 2020년 온라인 매출은 24% 증가한 83억 4,000만 달러를 기록했다. 나쁘지 않은 실적이다.

홍미로운 점은 코넬이 오프라인 매장 대부분이 구시대적이라는 고객의 피드백을 바탕으로 이러한 혁신 전략을 펼쳤다고 공표한 것이다. 코넬은 "저희는 테스트를 시행하고 고객의 의견에 경청했기 때문에 이 전략이 성공할 것이라고 믿어 의심치 않았습니다. 고객들에게 매장은 죽은 상태나 마찬가지였어요. 지루하고 영감을 주지 못하는 곳이었죠. 고객들은 여전히 우리 브랜드를 좋아하지만, 단지 더 많은 것을 해 주길 원했던 겁니다."라고 말했다.

경영진은 매장을 완전히 포기하면 실패할 것이라는 가설을 세운 뒤 매장을 업그레이드하고 개선하는 동시에 쉽고 빠르게 구매할 수 있는 다양한 방법을 구현하기로 했다. 타겟이 옴니채널 전략의 대명사가 되면서 이 결정은 옳은 선택이었음이 분명해졌다.

여기서 중요한 첫 단계는 고객의 의견을 경청하고 분석하는 것이지만, 마지막 퍼즐 조각은 그 분석 결과를 해석하여 문제를 파악하는 것이다.

처음에는 숨겨져 있는 인사이트를 찾아내야 한다. 고객들은 매장이 지루하다고 했지만, 타겟은 매장을 폐쇄하지 않고 인사이트를 심층 분석하여 진짜 문제를 해결했다. 매장이 지루하다고 매장을 포기하지 말라. 더 재미있고, 더 접근하기 편하고, 더 쉽게 생활에 통합될 수 있도록 보다 나은 매장으로 개선하라.

지표만 보고 내리는 결정은 위험하다

진정한 고객 중심 의사 결정은 실제 고객의 입장을 이해하는 데서 비롯된다. 고객이 브랜드와 상호작용할 때 무엇을 보고, 어떤 것을 중요하게 여기며 관찰하는지에 대한 정보를 얻을 수 있다. 정서적 진정성을 가지고 깊이 들여다봐야 한다. 인사이트가 없으면 회사를 잘못된 방향으로 이끄는 심각한 위험을 초래할 수 있다.

- **아무도 원하지 않는 제품을 만든다:** 2012년에 빅Bic은 여성 고객을 대상으로 '빅 포 허Bic For Her'라는 펜 라인을 출시했다. 그러나 이 펜은 시대에 맞지 않는 마케팅으로 고객과 언론 매체 사이에서 조롱의 대상이 되었다.
- **기존 서비스를 고객이 원치 않거나 기피하는 서비스로 바꾸고 정보에 입각하지 않은 결정을 내린다:** 2018년 소셜 미디어 앱인 스냅챗Snapchat은 앱 인터페이스를 두 섹션으로 분리하여 왼쪽에는 친구 콘텐츠를, 오른쪽에는 미디어 콘텐츠를 배치하고 디자인을 일부 변경했다. 이후 사용자들의 분노는 극에 달했고, 3개월 동안 일일 사용자 수가 300만 명 감소했다.
- **고객으로부터 멀어진다:** 운동용 자전거 회사 펠로톤Peloton은 남편들이 아내를 위한 선물로 자사 제품을 구매한다는 사실을 알아냈고, 명절 선물로 펠로톤을 받는 아내의 모습이 담긴 광고를 제작했다. 이에 사람들은 성차별적이고 신체 수치심을 유발하는 주제의 광고라며 반발했고, 회사 주가는 9% 하락했다.

- **직원 만족도가 저하된다:** 여러 연구에 따르면 행복한 고객이 행복한 직원을 만들고, 불만족스러운 고객이 대규모 직원 이탈을 초래할 수 있다고 한다.
- **중요한 기회를 놓친다:** 대표적으로 코닥Kodak의 사례를 들 수 있다. 디지털 카메라 기술을 개척한 코닥은 1975년에 이미 핵심적인 요소들을 갖추고 있었다. 하지만 디지털을 일시적인 유행으로 치부한 코닥은 고객의 의견을 묻지 않고 필름을 고수했다. 그렇게 코닥은 한물간 회사가 되었다.

인사이트를 반영한 의사 결정을 내리는 것이 앞으로 나아가는 방법이다

데이터와 인사이트를 통해 고객을 이해하고 행동하면 다음과 같은 이득을 얻을 수 있다.

- **시장 점유율이 확대된다:** 2008년 매출이 바닥에 떨어진 도미노피자Domino's Pizza는 고객의 피드백을 반영해 고객들이 싫어하던 레시피를 완전히 바꾸고, 재미있고 간편한 디지털 주문 환경을 만드는 데 투자했다. 이후 도미노피자의 주가는 2010년부터 2017년까지 2000% 이상 상승하여 알파벳, 아마존, 애플, 넷플릭스보다 높은 성과를 거두었다.
- **고객 충성도와 열성 팬이 확보된다:** 늘 고객을 최우선으로 생각한

다는 평가를 받는 온라인 소매업체 자포스Zappos는 고객의 피드백을 바탕으로 행동하는 헌신적인 노력으로 수백만 명의 충성 고객을 확보했다. 자포스 구매의 약 75%는 재구매 고객으로부터 발생하고 있다.

- **효율성이 제고되고 비용은 감소한다:** 약 20년간 128개 기업의 데이터를 분석한 결과, 고객 만족도가 높을수록 향후 판매 비용이 낮아진다는 사실이 밝혀졌다.

- **인재를 유치하고 유지하는 기업 문화가 구축된다:** 사우스웨스트항공Southwest Airlines은 오랫동안 고객의 의견과 만족을 중시하면서 직원들의 행복을 위해 최선을 다하는 회사로 유명하다. 사우스웨스트항공의 직원 유지율은 96%에 달하며, 단 한 명의 직원도 해고된 적이 없다. 그 결과 사우스웨스트항공은 모두가 일하고 싶어 하는 회사가 되었다. 이 항공사에는 2초마다 새로운 입사 지원서가 접수된다.

- **세계관과 포용성이 확대된다:** 어느 기업의 연구팀은 여성 케어 신제품의 출시를 앞두고 '일반 여성 고객'뿐 아니라 성전환 남성과 성전환 여성들을 대상으로 니즈와 선호도에 관한 인터뷰를 진행했다. 이를 통해 놓칠 뻔했던 인사이트를 얻었다.

앞의 사례에서 알 수 있듯이 데이터만으로는 기억에 남는 고객 경험을 구축하거나, 충성 고객을 확보하거나, 의미 있는 방식으로 제품을 개선하기가 힘들다. 일반적으로 데이터는 트렌드와 패턴의 형태로 큰 그림을 볼 수 있게 해 주지만, 인사이트는 색채와 맥락을 더해 숫자만으로 얻을 수 없는 인간적인 관점을 제공하기 때문이다.

인간을 위해 경험을 만드는 기업이 인간을 '꿰뚫어' 볼 수 있는 능력을 갖추게 되면 차별화할 수 있다. 공감 능력은 조회 수나 판매 트렌드를 추적하는 것만으로는 얻을 수 없으며, 사람과 사람 간의 연결을 통해서만 얻을 수 있다. 공감 능력을 갖추면 모든 단계에서 고객 중심적인 의사 결정을 내릴 수 있을 뿐 아니라 고객을 만족시키고 지원하는 경험을 구상하고 구현하는 것이 가능해진다.

경험 경제에서 경쟁하는 많은 기업이 놓치고 있는 것이 바로 인사이트다. 왜 기업들이 인사이트를 놓치고 있는지, 어떻게 인사이트를 비즈니스에 통합할 수 있는지 알아보자.

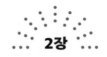

2장

잃어버린 차원
인사이트는 어떻게 좋은 경험을 만드는가

예로부터 사람들은 이야기를 통해 타인과 공감하고 대인관계를 맺어 왔다. 누군가의 말과 목소리, 표정과 몸짓, 감정적 반응 등 다양한 인간 신호를 관찰하고 이를 통해 깊이 이해한다.

차트와 그래프는 이러한 수준의 인식을 대체하지 못한다. 사람이 직접 신호를 관찰하고 이해한 후 신호의 의미를 파악하여 어떤 조치를 내릴지 결정해야 한다.

코치는 팀에 관한 통계 자료를 분석하는 것만으로는 선수들을 훈련시킬 수 없다. 선수들이 뛰는 모습을 지켜보고, 선수들과 대화를 나누고, 각 팀원의 니즈와 능력에 대한 정서적, 인지적 이해가 선행되어야 선수들에게 어떤 조언을 할지 결정할 수 있다.

관리자는 단순히 근무 시간이나 매출을 따지는 것만으로는 직원을 감독할 수 없다. 어떤 아이디어나 사건의 전체 맥락을 알 수 있는 상황 정보가 중요하다. 또한 전체 상황을 파악하기 위해서는 경험이 공유되어야 하고 신뢰를 쌓아야 한다.

이러한 이해라는 차원을 없이는 맥락에 맞지 않는 결정을 내리게 되고 잘못된 방향으로 가게 된다. 기업이 고객의 관점을 탐구할 때도 동일한 패러다임이 적용된다.

결제 경험을 담당하는 디지털팀이 있다고 하자. 이 팀은 고객이 온라인에서 제품을 구매하기 위해 고군분투하는 모습을 보고 고객의 불만에 대해 듣는다. 결제 프로세스를 불편해하는 고객의 모습을 관찰하고 고객의 생각을 실제로 들으면, 조회 수와 이탈률을 추적해서 얻는 정보와는 매우 다른 정보를 얻을 수 있다. 고객이 어려움을 느낀 부분과 그 이유, 기대했지만 찾지 못한 것, 수정이 필요한 부분을 총체적으로 파악할 수 있다.

고객을 관찰하고 피드백을 수집하는 데 시간을 투자하면 '고객이 된다'라는 것의 의미를 더 잘 이해할 수 있다. 고객이 느끼는 어려움과 혼란에 공감하게 되고, 데이터를 보는 것만으로는 형성할 수 없는 공감대를 형성하게 되며, 정보에 입각한 의사 결정을 내려 경험을 개선할 수 있다. 이것이야말로 '인간에 대한 인사이트의 실질적 활용법'이다.

인사이트의 장점은 대규모 표본이 필요하지 않다는 것이다. 트렌드 파악은 소수의 고객과 대화를 나누고 그들을 관찰하는 것만으로도 가능하다. 다음 상황을 통해 이것이 어떤 의미인지 알아보자.

여러 사람과 함께 있는데 누군가가 음료를 마시거나 화장실에 가기 위해 자리에서 일어난다. 이 사람이 방을 가로질러 가다가 카펫의 울퉁불퉁한 부분에 걸려 넘어진다. 몇 분 후, 다른 사람이 간식을 가지러 가다가 같은 부분에 걸려 넘어진다. 모든 사람이 카펫에 걸려 넘어지지 않더라도 문제가 있음을 인식하고 해결책을 찾기 시작한다. 모집단을 대표하는 소규모 표본에서도 고객의 니즈와 불만을 이해하는 데 필요한 피드백을 충분히 얻을 수 있다.

디지털팀의 상황에서 인간적 관점이 부족하다는 것은 바꿔야 하는 것이 무엇인지 추측만 하면서 지표가 올바른 방향으로 움직이기를 바란다는 뜻이다. 관찰된 행동과 피드백을 근거로 어떤 조치를 하는 게 아니라 데이터에서 보이는 패턴을 기반으로 추측하는 것이다. 추측을 테스트하는 것이 본질적인 개발build·측정measure·학습learn이라고 주장하는 사람도 있지만, 가능한 한 근거 있는 추측을 하는 게 좋지 않을까? 충분한 정보를 바탕으로 보다 현명한 결정을 내려 성공 가능성을 높이고, 더 빨리, 더 자주, 더 적은 비용으로 성공하는 게 좋지 않을까?

데이터의 함정

실제 사례로 알아보자.

미국 3대 AAA 클럽 중 하나인 AAA 클럽 얼라이언스ACA, AAA Club Alliance는 잠재 고객이 웹 사이트에서 하는 행동은 정확하게 파악했지만, 회원 가입 절차를 완료하지 못한 이유를 알 수 없었다. ACA의 다양한 도구들은 대량의 데이터를 생성하면서도 전환율을 개선하는 데 필요한 인사이트는 제공하지 않았다. 철저한 분석과 계획적인 업데이트에도 불구하고 원하는 결과는 얻을 수 없었다.

실제 고객과 접촉하여 인사이트를 얻은 ACA는 웹 사이트에 있는 정보의 양이 지나치게 많다는 사실을 발견했다. 회원 가입 전환율이 낮은 이유를 찾은 ACA는 정보를 우선순위에 두고 웹 사이트 환경을 유익하고, 설득력 있고, 찾기 쉽게 개선하여 고객 경험을 간소화했다. 인간에 대한 인사이트를 바탕으로 디자인을 수정한 끝에 훨씬 깔끔하고 간결하며 사용하기 쉬운 솔루션이 되었다.

이후 ACA는 모든 유형의 회원에서 전체 전환율이 30% 증가했고, 최상위 등급인 프리미어 회원으로의 전환율은 55% 증가했다. 전환율 개선만으로 회원 확보 수익은 39% 증가한 것이다.

성공을 맛본 ACA는 회원 경험을 지속적으로 개선하기 위해 인사이트를 확대하기로 했다. AAA 클럽 얼라이언스의 최고 마케팅 책임자인 스콧 루가Scott Lugar는 말했다. "인간에 대한 인사이트가 더 나은 의사 결정을 내릴 수 있도록 해 줍니다. 결코 이전 방식으로 돌아가지 않을 것이며, 인간에 대한 인사이트는 끊임없이 혁신하는 방식에 문화적인 변화를 불러일으킵니다."

인사이트를 얻는 것은 고객의 입장이 되어 볼 수 있는 유일한 방법이다. 인사이트가 있어야만 고객을 지원해 만족시킬 수 있고, 또 비즈니스를 성공으로 이끄는 경험을 계속해서 만들고, 디자인하고, 개선할 수 있다.

고객 데이터만으로는 큰 그림을 볼 수 없다

구매부터 조회 수, 방문 횟수, 설문조사에 이르기까지 차트로 볼 수 있는 데이터는 끝없이 많지만, 데이터만으로는 다차원적인 인간을 완전히 파악하기 어렵다. 고객들의 다양한 경험은 숫자에 가려져 있다. 선택에 영향을 미치는 인간의 복잡한 심리는 데이터로 포착할 수 없다. 인간은 다양하고 이해하기 어려운 중복된 정체성을 지녔기 때문에 인간의 복잡성은 숫자로 요약되지 않는다.

팀에서 사용하는 일반적인 고객 데이터의 유형과 데이터만으로 왜 충분하지 않은지 살펴보자.

CRM(고객관계관리) 회사는 '고객과 무엇을 하고 있는지' 알려준다

고객 정보와 고객 관계를 관리해 주는 도구가 없다면, 대부분의 회사가 제대로 운영되지 않을 것이다. 세일즈포스Salesforce나 젠데스크 Zendesk와 같은 CRM 회사는 현대 비즈니스들을 떠받치고 있는 기록 시스템이자 지식의 집합체라고 할 수 있다.

이러한 시스템의 함정은 기업의 관점에서 보는 고객 정보를 제공하므로 모든 것을 기업의 관점으로 보게 된다는 것이다. 즉 고객 중심주의와 정반대되는 태도라고 할 수 있다.

애널리틱스는 '기업이 제공하는 제품이나 경험으로 고객이 무엇을 하고 있는지' 알려준다

애널리틱스Analytics는 유동 인구가 많은 매장, 개인이 구매하는 제품, 사용자와 고객의 일반적인 감정과 같이 관찰 가능한 고객 활동을 의미한다. 애널리틱스는 대규모 행동을 포착하여 집중해야 할 패턴과 영역을 식별하는 데 유용하다.

그러나 데이터 패턴에서 의미를 추론하는 것은 어려운 일이다. 데이터에는 분석하는 사람의 생각이나 논리, 희망과 선호까지 더해질 위험이 존재한다. 고객의 동기를 추측하다가 잘못된 추측을 할 수도 있다.

설문조사는 '기업이 제공하는 경험을 고객이 어떻게 느끼는지' 알려준다

고객 데이터 삼총사의 마지막 도구인 설문조사는 CRM이나 애널리틱스보다 고객의 의견과 동기에 대해 좀 더 많은 정보를 제공한다. 설문조사를 통해 즉각적이고 일화적인 고객의 피드백을 받을 수 있다. 설문조사는 좋은 시작점이 될 수 있고, 고객 개개인에 대한 다차원적인 인상을 파악할 수 있으며, 고객이 기억하는 것과 고객이 받은 인상도 알 수 있다.

그러나 설문조사 역시 여러 가지 단점을 안고 있다. 우선, 객관적이고 정확한 설문조사를 설계하는 것은 매우 어렵기 때문에 수집한 데이터가 왜곡될 가능성이 높다. 보상이나 인센티브를 제공하면 응답률을 높일 수는 있겠지만 결과는 왜곡될 수 있다.

설문조사는 '경험이 발생한 후'에 시행하는 경우가 많은데, 많은 연구를 통해 인간의 기억력은 신뢰하기 어렵다는 사실이 입증되면서 문제가 되고 있다. 뿐만 아니라 설문조사가 초래하는 피로감, 인간이 아닌 봇이 온라인 설문조사를 하는 경우, 자기 자신에게 이익이 되리라 생각하면 거짓말을 하는 경향이 있다는 점도 문제가 된다.

인사이트는 '고객이 된다는 것이 어떤 의미인지' 알려준다

실망스러울 것이다. 이해한다. 우리는 고객을 이해하기 위한 정교한 도구들을 가지고 있고, 이 도구들 역시 꼭 필요하지만, 이 중 어느 것도

데이터의 함정

'고객이 된다는 것이 어떤 의미인지'는 알려주지 못한다.

실질적이고 진실한 고객의 관점을 분석할 수 있을 만큼 깊이 파고드는 도구는 없다. 그 무엇도 진정으로 다양한 관점이나 각기 다른 삶의 경험을 가진 사람들의 의견에 접근할 수 없다. 실제 고객을 매료시키는 경험을 창출하고, 고객을 당신의 기업과 제품에 빠져들게 하며, 고객 충성도를 확보하는 데 필요한 심도 있는 고객 이해를 제공하는 도구는 없다. 그 어떤 도구도 인간에 대한 인사이트를 제공하지 못한다.

경험을 평가할 때 인사이트를 포함해야 하는 이유

고객 경험은 정의할 수 없는 순간처럼 보이지만, 다행히 하버드 경영대학원의 훌륭한 연구진이 비즈니스에 활용할 수 있도록 체계화했다.

경영 컨설턴트인 조셉 파인 2세와 제임스 길모어는 《하버드 비즈니스 리뷰》에 기고한 글에서 "경험은 기업이 서비스를 무대로, 상품을 소품으로 삼아 기억에 남는 사건을 창조해 개별 고객의 참여를 유도할 때 발생한다. 상품 유형화, 서비스 무형화, 원자재는 대체 가능하고 경험은 기억할 수 있어야 한다."라고 말했다. 다시 말해, 고객 경험은 고객이 회사나 제품 또는 서비스를 잊을 수 없을 정도로 뛰어난 무언가를 하는 것을 의미한다.

사용자 경험을 적극적으로 평가하는 기업들은 포레스터Forrester가 말하는 고객 경험의 세 가지 요소인 효과성, 편의성, 감성을 기준으로 자체 평가를 시행한다. 훌륭한 접근 방식이긴 하지만, 일반적으로는 평가에 인사이트가 누락되므로 문제가 있다고 생각된다. 자세히 살펴보자.

효과성Effectiveness: 니즈를 충족하는가?

효과성의 주요 관심사는 '고객의 니즈를 충족하는가?'이다. 이는 사람들이 특정 목표를 염두에 두고 제품이나 경험과 상호작용할 때 의도한 바를 달성할 수 있는가를 의미한다.

온라인 뱅킹을 떠올려 보자. 은행의 웹 사이트나 앱에서 장애가 거의 발생하지 않고 신속하게 처리되는 기능은 자금 이체이다. 이 기능은 (일반적으로) 항상 존재하고 필요한 작업을 수행하는 신뢰할 수 있는 기능이다.

많은 기업이 행동 데이터를 추적하여 효과성을 측정하고 있다. 은행은 사용자의 이체 횟수를 확인하면 이체 기능의 효과성을 명확하게 파악할 수 있다고 믿고 있다. 과연 그럴까? 드롭다운 메뉴가 헷갈려서 여러 번 송금하거나 실수로 50 달러가 아닌 500 달러를 송금했다면? 이 경우 실제 이체 기능은 완벽하게 작동했으므로 데이터상으로는 문제가 없어 보이지만, 과연 고객도 그렇게 생각할까?

'행동 분석은 효과성에 대한 자세한 정보를 제공하지 못한다.'

편의성Ease: 사용하기 쉬운가?

사용 편의성을 볼 때 기업들은 경험이 원활한지, 오류가 없는지, 직관적인지 평가하기 위해 노력한다.

온라인 뱅킹 중 대부분의 사용자에게 효과성과 편의성을 모두 제공하는 기업은 페이팔PayPal이다. 개인과 기업 모두 페이팔을 통해 자금을 주고받을 수 있고, 많은 화면을 탐색하지 않아도 단 몇 초 만에 대부분의 거래를 처리할 수 있다. 웹 사이트와 앱이 매끄럽게 연결되어 있어 데스크톱에서든 모바일에서든 똑같이 쉽게 사용할 수 있다.

제품의 사용 편의성은 설문조사를 통해 평가하는 경우가 많은데, 기업은 제품이 사용하기 쉬운지 알아보기 위해 제품 사용 경험을 사용자에게 직접 질문한다. 기업은 '사용하기 쉬운가?'라는 간단한 질문으로 솔직한 답변을 얻을 수 있으리라 생각하지만 과연 그럴까?

엣시Etsy 스토어를 운영하는 63세 목공예가는 페이팔의 웹 사이트를 사용하는 방법은 잘 알고 있으면서 페이팔 계좌에서 은행 계좌로 이체하는 방법은 종종 헷갈린다. 그는 이체하는 도중 팝업 메시지가 나타나면 제일 먼저 보이는 버튼을 눌러 종료시켜 버릴 수도 있다. 그는 페이팔이 '사용하기 쉽다'고 답하겠지만, 팀 입장에서는 더 나은 경험을 제공할 수 있는 중요한 관점을 놓치고 있는 것이다.

'설문조사 결과만으로는 편의성을 정확히 파악할 수 없다.'

감성Emotion : 어떤 기분이 드는가?

마지막으로 기업들은 충성도를 높이기 위해 고객과 정서적 연결이 되어야 한다는 사실을 인지하고 있다.

벤모Venmo는 온라인 뱅킹 업계에 비교적 최근에 진입한 신생 업체인데도 이모티콘을 지원하는 앱과 가볍고 재미있는 브랜딩으로 효과성, 편의성, 감성을 훌륭하게 결합했다. 많은 사람이 친구들이랑 밥값을 나눠 낼 때 처음 벤모라는 앱을 접하게 되지만, 이후에는 벤모를 풍부한 감정이 담긴 추억이나 활동과 연관 지어 생각하게 된다.

대부분의 기업은 사람들이 브랜드나 제품과 상호작용하면서 느끼는 기본적인 감정인 정서적 반응을 파악하기 위해 순고객추천지수Net Promoter Score(친구나 동료에게 추천할 의향을 0~10점으로 나타낸다면?)나 기타 설문조사를 활용하고 있다.

하지만 점수를 매기는 질문에 과연 감정이 반영될 수 있을까? 고객이 어떤 은행의 브랜드나 상품은 좋아하지만, 계좌 정보 업데이트가 쉽지 않다는 이유로 친구나 동료에게 추천하지 않는다면 이들의 응답은 전체의 그림을 이해하는 데 도움이 될까?

'만족도 조사로는 경험이 불러일으키는 감정을 충분히 포착할 수 없다.'

고객 경험에 대한 정보를 수집하는 기존의 방식으로는 우리에게 필요한 깊이 있는 정보를 얻을 수 없다. 기존의 방식으로 얻을 수 있는 것보다 더 자세하고, 더 섬세하고, 더 많은 진실이 필요하다.

무엇보다도 고객 경험을 파악하는 기존 방식으로는 실행 가능한 정보를 얻을 수 없다. 특정 앱이 사용 편의성 평가에서 10점 만점에 3점을 받았다거나 참여도 지표가 급격히 감소했다고 가정해 보자. 이러한 주요 지표의 변화를 보면 무슨 일이 일어나고 있는지는 알 수 있지만, 왜 그런 일이 일어나는지에 대한 맥락이나 해결 방법에 대한 지침은 전혀 얻을 수 없다.

언제나 최고의 고객 경험이 승리한다. 그런데 기업 대부분이 고객 경험을 이해하기 위해 사용하는 도구 때문에 어려움을 겪고 있다면, 현명한 의사 결정을 내리는 데 필요한 진정한 고객 관점을 어떻게 얻을 수 있을까?

사용자 테스트를 통해 인사이트를 얻는다

인사이트를 수집하는 가장 좋은 방법은 사용자 테스트를 통해 사람들에게 제품, 서비스, 브랜드, 주변 세계와 상호작용하는 그들의 관점을 제공해 달라고 요청하는 것이다. 사용자 테스트를 시행하는 방법에는 수십 가지가 있으며 그중 일부는 이 책의 다음 장에서 살펴보겠지만, 모든 방법에는 몇 가지 공통점이 있다.

모든 형태의 사용자 테스트는 다음을 포함한다:

- 고객 관찰(때로는 고객과의 대화)
- 상대가 하는 말과 말하는 방식(감정, 속도, 억양)에 귀 기울이기
- 표정과 몸짓에 주목하기

일부 사용자 테스트는 다음을 포함한다:

- 실제 경험이나 디지털 경험, 또는 이 두 가지의 조합 중 고객이 상호작용하는 대상과 상호작용하는 방식
- 주변 환경과 같은 추가적인 맥락. 예를 들면 식품 저장실의 구성, 자사의 앱 외에 재정 관리를 위해 사용하는 다른 앱 등이 있는지

행동, 몸짓, 표정, 언어적 감정 등의 신호를 분석하면 많은 팀이 놓치고 있는 고객의 입장을 생생하게 파악할 수 있다.

인사이트를 수집할 때는 다음의 순서로 접근하는 것이 이상적이다.

| 참고 자료 2.4 다양한 신호를 통해 인사이트를 얻을 수 있다 |

음성: 억양,
속도, 음정

표정

몸짓

겉으로 드러낸
생각

디지털 경험의
시각적 표현

실제 경험의
시각적 표현

(디지털 세계와 현실
세계에서의) 행동

1. **사용자 테스트 실행하기:** 고객이 제품 또는 서비스와 상호작용하는 모습을 관찰하거나 고객의 니즈와 어려움에 관해 이야기한다.
2. **세션 기록하기:** 고객이 제품과 상호작용할 때 발생한 일과 고객의 피드백을 영상으로 기록한다.
3. **인사이트 도출하기:** 수집한 신호를 종합적으로 분석하여 고객의 경험, 마음 상태, 행동을 이해하고 깊이 공감한다.
4. **공유하고 조치하기:** 도출한 인사이트를 활용해 고객에 대한 이해를 공유하고, 새로운 서비스를 만들거나 기존 서비스를 개선한다.
5. **반복하기:** 이 프로세스를 모든 업무에 적용한다.

인사이트 적용하기

인간에 대한 인사이트를 갖추지 못한 기업의 중심은 '고객'이 아니라 '기업' 그 자체가 된다. 인사이트를 갖춘 기업은 고객의 불만, 꿈, 세계관을 섬세하게 이해할 수 있게 되고, 차트와 그래프만으로는 불가능한 수준의 공감대를 형성할 수 있다. 비즈니스 전반에 걸쳐 고객에게 공감하는 능력이 배양되면 모든 직원이 뛰어난 고객 경험을 제공하는 것을 먼저 고려하게 된다.

밀키트 배달 전문 기업 헬로프레시HelloFresh는 큰 인기를 끌고 있는 '인사이트 쇼'라는 행사를 통해 부서 간 인사이트를 꾸준히 공유한다. 이 행사는 헬로프레시를 경험하는 고객의 모습이 담긴 동영상에서 인사이트를 얻고 변화를 일으킬 수 있다고 생각한 글로벌 UX 리서치 책임자 제임스 빌라치James Villacci가 고안했다. UX 리서치팀은 쇼를 제작하기 위해 전사적으로 알아낸 사실을 종합하여 재미있고 매력적인 '에피소드'로 편집하고, 정기적으로 회의를 개최해 해당 영상을 공유한다. 헬로프레시 직원 수백 명이 이 회의에 참여하고 있다.

원래부터 이렇게 많은 인원이 참석한 것은 아니었다. 처음 시작했을 때는 특정 업무의 단면만 다루었고 세션 당 참석자 수도 적었다. 하지만 소문이 퍼지고 주목을 받으면서 큰 호응을 얻게 되었고, UX 리서치팀 내에서 팀별로 인사이트 쇼를 주최할 정도에 이르렀다. UX 리서치팀은 자신들이 확보한 인사이트가 그룹 내에 고립되어 본래 목적을 달성하지 못할 것을 우려해 쇼를 전사적인 행사로 전환했다.

　이때부터 프로덕트 매니저, 디자이너, 엔지니어, 마케팅 전문가, 경영진, 운영 담당자 등 여러 부서가 인사이트 쇼에 참석하였고 문전성시를 이루었다. 쇼는 참가자들이 활발하게 상호작용 할 수 있도록 구성되었고, 진행자가 영상을 멈추고 "고객이 다음에 어떤 행동을 할 것 같나요?"와 같은 질문을 던지고는 한다. 직원들은 쇼를 통해 공감대를 형성하고 고객에 대한 이해를 공유하며 회의나 일상적인 대화를 나눌 때 쇼의 내용을 인용하기도 한다. 빌라치는 "지난번에 인사이트 쇼에서 무슨 일이 있었는지 기억나시죠?"라는 말을 일상적으로 들었다고 한다. 그는 "누구나 배우고 싶어 하는데, 인사이트 쇼는 30분만 몰입하면 됩니다."라고 설명했다.

　업무상 사용자 테스트에 관여하지 않는 사람들도 인사이트 쇼에 참석해 새로운 것을 학습하고 적용하고 싶어 했다. 참석자들은 쇼를 보면서 자신과 관련된 질문을 떠올리고 쇼에서 영감을 얻어 그 질문을 더 깊이 탐구한다.

　헬로프레시는 다양한 고객 의견을 수렴하고 반영하는 인사이트 쇼 외에도 전 직원에게 자사 서비스에 가입할 것을 장려하고 있다. 헬로프레시는 직원들이 고객과 같은 경험을 할 때 비로소 고객을 이해하고 고객에게 공감하게 된다고 믿는다. 말 그대로 고객의 입장이 되어 보는 것이다.

헬로프레시는 사내 전체의 인사이트를 통합한 결실을 얻었다. 경쟁이 치열한 업계에서 시장을 선도하게 되었고, 고객 중심적인 회사라는 명성을 쌓게 된 것이다. 인사이트를 통해 고객에게 지속적으로 생명을 불어넣은 덕분이었다.

인사이트를 간과하거나 무시하는 이유

좋은 경험을 구축하고 지원하는 비결이 인사이트라면, 어째서 그토록 많은 팀이 인사이트를 간과하는 것일까?

일부 의사 결정권자들은 올바른 의사 결정을 내리는 데 수치만 있으면 된다고 믿고, 이들 중 상당수는 자신이 무엇을 놓치고 있는지 파악하지 못하고 있다. 빅데이터 기반 이니셔티브 중 23%만이 수익을 창출하지만, 연결고리를 파악하는 리더는 거의 없다. 실질적인 성장을 달성하는 데 필요한 능력은 고객의 눈으로 세상을 바라보는 능력이라는 사실을 아직 깨닫지 못하고 있다.

게다가 많은 조직이 견고한 데이터를 수집하고 분석 시스템을 구축하는 데 막대한 비용을 지출하고 있다. 맥킨지는 소싱, 아키텍처, 거버넌스, 분석을 합친 운영 비용의 총액이 50억 달러인 중견 기업의 경우 2억 5,000만 달러 이상을 데이터에 지출하는 것으로 추정했다. 데이터 관리에 이 정도 금액을 투자했다면, 더 많은 투자를 정당화하기는 어려울 수 있다.

또한 인사이트 수집이 효율적이고 효과적으로 이루어질 수 있다는 사실을 설득하기도 어려울 것이다. 많은 경영진이 실제 고객에게서 필요한 의견을 얻는 데 많은 시간과 비용이 소요될 것이라고 가정한다.

한 소비자 회사는 고객의 선호도와 구매 패턴을 파악하기 위해 '식품 저장실 감사pantry audits'를 시행하고 있다. 가정을 직접 방문하여 부엌 찬장에 있는 식품 목록을 문서화하고 장보기, 소비, 보관, 정리 습관에 관한 인터뷰를 진행한다. 하지만 회사는 감사 결과를 정리하기가 어렵고 시간과 비용이 많이 들어 식품 저장실 감사를 폐지해야 할 것이라고 주장했다. 그러나 우리는 이 회사에 빠른 시간 안에 수십 곳의 식품 저장실 감사를 수행할 수 있는 방법을 영상으로 보여 주었다.

기업이 인사이트를 간과하는 궁극적인 이유는 무엇일까? 바로 관성 때문이다. 다차원적 특성을 드러내는 고객 관점과 기존의 데이터 및 오랜 신념 사이에서 많은 리더가 후자를 선택한다. 더 쉽고 빠르기 때문이다. 팀에 있는 똑똑하고 노련한 인재들이 성장을 촉진하는 데 필요한 인사이트를 찾아낼 수 있다고 생각한다. 팀 내부에서 꼼꼼하게 수집한 데이터를 기반으로 창출한 아이디어가 큰 역할을 할 수 있을까?

이 질문에 대한 대답은 당연히 '아니오'다. 실제 고객의 의견이 없다면 불가능하다.

승리를 위한 인사이트

따라서 인사이트가 중요하다는 것은 분명한 사실이다. 그러나 많은 기업이 고객의 관점에서 경험을 이해하는 데 실질적으로 도움이 되는 효율적이고 확장 가능한 메커니즘이 부족하다고 한탄한다. 그리고 기업들은 이러한 메커니즘을 절실히 필요로 한다.

다음 장에서는 신속하고 저렴하며 구현하기 쉬운 사용자 테스트를 전사적으로 시행하는 방법을 알아본다. 인사이트를 수집하는 구체적인 방법과 시기, 수집한 인사이트를 조직에 통합하는 방법도 살펴본다.

고객 충성도를 높이기 위해 마찰 없고 가치 있는 경험으로 고객을 만족시키고 싶을 것이다. 이때 인사이트를 적용하면 그렇게 할 수 있다.

2부

솔루션

인사이트는 고객 중심적 행동의 원동력

인사이트 수집은 간단해야 하지만, 적절한 의도를 가지고 신중하고 책임감 있게 수행해야 한다. 지침과 매개 변수만 있다면 회사 내 누구라도 사용자 테스트를 설정하고, 고객을 관찰하고, 고객과 대화하며 현명한 결론을 도출할 수 있어야 한다. 그래서 2부에는 노련한 경영진부터 신입 사원까지 누구나 검토하고 적용할 수 있는 조언, 원칙, 기본 규칙을 담았다. 먼저 답변이 필요한 질문을 정의하고, 누구에게 조언을 구해야 하는지 진지하게 생각해 보자. (재차 강조하지만, 고객을 당신과 동일시하지 말라!) 인간이 가진 편향의 위험성과 편향을 피하는 팁을 알아보고, 배운 내용을 활용하여 고객 경험과 비즈니스 전반에 영향을 미칠 수 있는 다양한 방법을 자세히 살펴본다.

USER TESTED

3장

당신이 찾으려는 것은 무엇인가
원하는 학습 목표에 맞게 사용자 테스트를 디자인하라

사용자 테스트를 통해 의미 있고 실행 가능한 고품질의 인사이트를 얻으려면 올바른 대상에게 올바른 질문을 하는 것이 중요하다. 더 많은 기업이 인사이트를 찾고 적용하기를 간절히 바라지만, 고객에게 엉뚱한 질문이나 핵심에서 벗어난 질문, 잘못 설계된 질문을 하면 재앙이 될 수 있다는 사실을 경험을 통해 잘 알고 있다.

2009년에 월마트가 실시했던 매장 레이아웃에 관한 고객 설문조사를 기억하는가? 이 대형유통업체는 고객들에게 간단하고 고객 중심적인 질문을 던졌다. '월마트가 지금보다 덜 어수선하길 바라는가?'

'그렇다!'라는 대답이 돌아오자 경영진은 곧바로 실행에 옮겼다. 기존 고객을 위해 매장을 깔끔하게 정리하고, 그 과정에서 고소득 고객을 유치하기 위해 프로젝트 임팩트Project Impact라는 이니셔티브를 시작했다.

프로젝트 임팩트는 매장을 간소화하고 구매 경로를 개선하며, 인테리어의 미적 부분을 업그레이드하기 위해 마련한 야심 차고 공격적인 5개년 계획이었다. 월마트는 수백만 달러를 들여 설비를 교체하고 매장을 개보수했다. 가장 두드러진 변화는 설비 사이 통로에 놓여 있던 상품들을 치운 것이었다. 이 작업을 위해서 프로젝트 임팩트의 리더들은 실제 월마트 매장에서 판매되는 품목의 약 15%에 해당하는 제품들을 제거했다.

초반에 진행한 설문조사에서 이러한 변화에 대해 고객들의 반응은 긍정적이었지만, 궁극적으로는 처참한 결과를 얻었다. 프로젝트 임팩트를 통해 약 600개의 매장을 개보수한 후 매장 내 재고를 줄인 것은 실수였다는 점이 분명해졌다. 전년 대비 매출은 급감했고, 프로젝트는 무기한 중단되었다. 월마트는 약 18억 5,000만 달러의 매출 손실과 함께 실제 매장을 개보수하는 데 지출한 수억 달러를 잃고 말았다.

모든 게 잘못된 질문 탓이었다.

불길한 소리처럼 들려도 걱정은 붙들어 매길 바란다. 프로젝트 임팩트와 같은 실수를 피할 방법을 구체적으로 제시할 것이다. 핵심은 '질문하기 전'에 질문을 신중히 조정하는 것이다.

방법은 다음과 같다.

당신의 질문이 비즈니스와
어떤 연관이 있는지 이해하라

호기심은 고객을 이해하는 데 중요한 요소지만, 제품팀과 마케팅팀은 지나치게 호기심을 자극하는 사용자 테스트가 되지 않도록 주의해야 한다. 사용자 테스트는 고객 경험을 개선하는 데 필요한 질문을 하고 답을 찾는 프로세스다. 비즈니스에 필요한 결과와 직접적으로 연결되는 접근 방식을 통해 실험과 결과가 가장 중요한 문제와 연결되도록 설계해야 한다.

실무적으로는 캠페인이나 제품에 관한 질문, 즉 캠페인이나 제품을 다듬고 개발하면서 자연스럽게 떠오르는 질문을 조직의 상위 목표에 부합하도록 설계하는 것을 의미한다.

만약 당신이 회사에서 셀프서비스 경험을 담당하고 있는데, 사람들이 회사 웹 사이트의 질의응답FAQ 섹션을 본 뒤에 이탈한다는 사실을 알게 되었다면 그 이유를 파악하고 문제를 해결하고 싶을 것이다. 이는 사용자 테스트에서 물어야 될 수준의 질문이지만, 논리적으로 생각해 보면 다음 단계는 질의응답 재설계와 같은 프로젝트가 될 수 있다. 거기에서 한 단계 더 올라가면 셀프서비스 경험을 개선하는 데 초점을 맞춘 이니셔티브가 있다. 마지막 단계로 올라가면 비용 절감이라는 최상위 비즈니스 동인과 연결된다.

'마지막 단계'가 바로 최고 경영진이 논의하고 싶어 하는 수준이다.

| 참고 자료 3.1 최고 경영진의 비즈니스 동인에 맞는 질문 구상하기 |

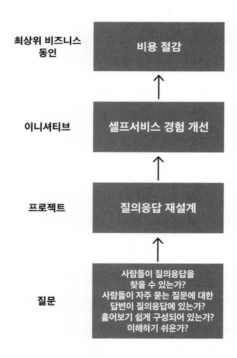

리더에게 가치를 명확히 전달하려면 고객에게 던지는 질문이 중요

한 답으로 이어져야 한다. 답을 찾기 위해 시간과 에너지를 사용하는 것은 투자이다. 현명하게 투자하라. 좀 더 신속하게 시장을 점유하고, 신규 고객을 확보하고, 고객 충성도를 높이고, 비용을 절감하고, 훌륭한 고객 경험으로 경쟁업체를 압도하는 방법을 이해하는 데 유용한 질문에 투자하라.

알게 된 사실을 어디에 어떻게 적용할지 고려하라

고객에게 물을 질문은 단순히 비즈니스뿐만 아니라 워크플로우(업무 흐름), 개발 단계의 현재 위치, 알게 된 사실을 적용할 계획과도 연결되어야 한다. 예를 들어, 어떤 문제를 해결할지 아직 결정하지 않은 상태에서 기능의 우선순위에 관해 묻는 것은 매우 부적절하다. 지나치게 앞서 나가지 말고 지금 하는 일에 집중하라.

워크플로우와 프로세스의 각 단계에 어떤 질문이 적합할지 감이 안 오는가? 제안하는 질문은 다음과 같다.

설문조사 문항을 만들기 '전에' 할 질문

제품, 서비스의 개발 초기 단계이거나 새로운 브랜드를 포지셔닝 하는 단계에서 고객에게 던지는 질문은 올바른 접근 방식을 개발하는 데 유용하다. 고객의 의견은 모든 단계에서 중요하지만, 특히 이 단계들에서 더욱 중요하다.

고객의 불만이나 문제 또는 니즈에 대해 나름의 가설이 있겠지만, 고객의 의견을 직접 들어보기 전까지는 그 가설을 근거로 행동할 수 있는 배경이나 이해가 부족하다. 깊이 이해하고 적절하게 대응하려면 반드시 회사 외부 사람들과 대화해 봐야 한다.

최근 한 소비자 회사 CEO는 폐기물을 줄이기 위해 일회용 제품을 바꾸는 이니셔티브를 주도하며 모범을 보였다. 패키지 디자인팀은 바로 솔루션을 찾기보다 해결하려는 문제를 먼저 깊이 이해하기 위해 일련의 사용자 테스트를 수행했다.

테스트의 시작은 욕실용품을 보관하는 방법과 장소를 공개할 의향이 있는 사람들과 대화하는 것이었다. 패키지 디자인팀은 지나치게 광범위해 유용하지 못한 정보를 수집하는 것을 방지하기 위해 배수구 클리너에 집중했다. 그런 다음 배수구 청소는 얼마나 자주 하는지, 배수구가 막혔을 때만 청소하는지, 아니면 정기적으로 청소하는지, 청소하는 방법을 보여 줄 수 있는지, 배수구 청소에 사용하는 제품은 어디에 보관하는지 등의 질문을 던졌다. 그리고 답변을 통해 배수구 청소 제품이 얼마나 자주 필요하고 사용되는지, 사람들이 보관 용량에 따라 큰 병을 구매하는지 작은 병을 구매하는지, 리필용 배수구 청소제가 구매 욕구를 불러일으키는지 등의 사실을 알아냈다.

고객의 세계를 들여다본 패키지 디자인팀은 고객의 관점으로 깊이 이해한 덕분에 문제를 해결할 수 있었고, 최고의 솔루션을 시장에 출시했다.

설문조사 문항을 '만드는 동시에' 할 질문

특정 솔루션이나 아이디어로 범위를 좁히기 전에 여러 가지 솔루션과 아이디어를 검토해 보고 선택해야 한다. 확산적 사고divergent thinking와 디자인 씽킹design thinking (자세한 내용은 참고 자료 3.2를 확인), 기타 탐색적 방법을 사용하여 대략적인 개념을 잡아야 한다. 여러 가지 아이디어를 가지고 고민할 때가 고객 의견을 수렴하기 좋은 단계다.

디자인 씽킹

경쟁 우위를 확보하기 위해 고객 경험이 중요해지면서 고객의 니즈에 부합하는 동시에 기업에도 적합한 전략을 채택하는 것이 중요해졌다. 이러한 접근 방식에서 실행할 수 있는 방법론 중 하나가 '디자인 씽킹'이다.

디자인 씽킹이라는 개념은 디스쿨d.school이라고도 알려진 스탠퍼드 하소 플래트너 디자인 연구소Hasso-Plattner Institute of Design at Stanford에서 탄생해 수십 년 동안 사용되다가 아이디오IDEO의 설립자 데이비드 켈리David Kelley가 대중에게 널리 알린 아이디어다. 그는 '디자이너의 도구toolkit를 활용해 고객의 니즈, 기술의 가능성, 비즈니스 성공 요건을 통합하는 동시에 혁신을 불러일으키는 인간 중심적 접근 방식'이라고 디자인 씽킹을 정의했다.

디자인 씽킹은 디자이너만의 전유물이 아니다. '디자이너'를 '제품팀'으로 바꾸면 제품팀이 매일 무엇을 위해 노력하는지 정확하게 설명할 수 있다. 디자인 씽킹이 유일한 프레임워크일 필요는 없다. 디자인 씽킹을 하는 것의 가장 큰 장점은 개발 프로세스에서 의사 결정을 내릴 때 고객을 중심에 두게 된다는 점이다.

대부분의 디자인 씽킹은 다섯 가지 기본 단계로 구성된다.

1. 사용자에게 공감하기
2. 사용자의 니즈, 문제, 인사이트 정의하기
3. 가정assumptions에 이의를 제기하고 혁신적인 솔루션을 개념화해 아이디어 도출하기
4. 솔루션의 프로토타입 제작하기
5. 테스트 솔루션

디자인 씽킹 프레임워크는 정해진 프로세스로 제시되는 경우가 많지만, 프로세스의 각 단계는 필요하면 언제든지 실행할 수 있다. 디자인 팀은 이 반복적이고 비선형적인 프로세스를 통해 도출된 결과를 검토하고 의심하면서, 초기에 세운 가정을 개선하고 이해하여 최종 결과물을 향상시킨다. 공감 단계는 팀이 수행하는 다른 작업에 영향을 미치고, 고객이 모든 경험의 중심이 되게 하므로 반드시 거쳐야 하는 단계다.

데이터의 함정

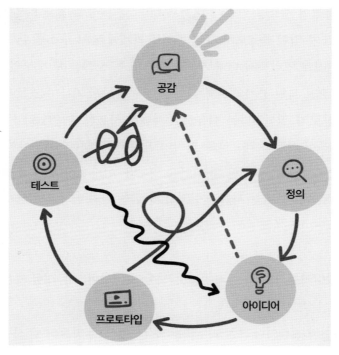

출처: IDEO

솔루션 개발 단계에서 사용자 의견을 충분히 수렴하고 테스트하지 않으면 최적이 아닌 솔루션이 구축될 위험이 있다. 주스 열풍이 한창이던 2016년에 출시 된 400 달러 상당의 가정용 냉압착 주스기 쥬세로Juicero의 사례를 보자. 더그 에반스Doug Evans가 설립한 쥬세로는 KPCBKleiner Perkins Caufield & Byers, 구글벤처스 등 유수의 벤처캐피털로부터 약 1억 2,000만 달러를 투자받았지만, 시장에 출시되자마자 실패했다.

복잡하게 설계된 기계의 내부는 특수 부품으로 가득했지만, 정작 유일한 목적인 주스를 만들어 내지 못했다. 블룸버그 영상 리뷰에서는 QR 코드가 찍힌 쥬세로의 과일 봉지를 기계에 넣어 주스를 만드는 것보다 손으로 압착해서 더 쉽게 주스를 만드는 모습을 보여 주었다. 설상가상으로 과일 봉지의 유통 기한은 매우 짧아서 기간이 조금만 지나도 '신선도'가 떨어진다는 이유로 기계에서 사용할 수 없었다. 쥬세로 개발자들이 사용자 테스트를 몇 번이라도 수행했다면 사용자의 의견을 반영해 기능을 수정할 수 있었을 것이다. 안타깝게도 이 제품은 창업자가 실패작이라는 사실을 인정하고 불과 일 년 만에 진열대에서 사라졌다.

아이디어를 탐색하는 과정에서 제품이나 서비스에 대한 소비자의 반응을 살펴보기 위해 랜딩 페이지landing page를 만드는 팀이나 회사도 있다. 실제 제품이나 프로토타입을 제작하기 전에 자사의 웹 사이트에 '실제' 상품 페이지처럼 보이는 랜딩 페이지를 만드는 것이다.

마케팅팀도 초기 아이디어와 콘셉트에 대한 피드백을 받을 수 있다. 예를 들어, 창의적인 방향과 언어 선택을 반영한 시각적 콜라주인 무드보드처럼 간단한 것도 사용자 테스트에 적격일 수 있다. 여러 개의 무드보드를 만들어 사용자에게 보여 주고 의견을 수렴한다. '어떤 무드보드를 볼 때 우리 브랜드가 떠오르나요?' '만약 이 무드보드가 유명인이라고 가정하면 어떤 사람이 해당될까요?' 등의 질문을 던질 수 있다. 이런 활동으로도 캠페인이나 메시지, 브랜딩에 도움이 되는 인사이트

데이터의 함정

를 얻을 수 있다.

인사이트를 얻는 것은 본질적으로 잠정적인 단계이다. 가장 좋은 방법은 고민 중인 '다양한 솔루션'에 대해 최대한 많은 피드백을 받아 보고 가장 성공 가능성이 큰 솔루션에 집중하는 것이다.

올바른 솔루션을 선택했다면 이제 중요한 것은 그 솔루션을 올바른 방식으로 구현하는 것이다. 실제 제품이나 웹 사이트, 앱의 프로토타입을 구축하고 나면 당신도 그 솔루션을 테스트하는 사용자도 모든 것을 더욱 실제처럼 느끼게 된다. 개발 막바지에 사용자 테스트를 시행할 때는 이미 콘셉트를 정하고 서비스를 구축하는 데 많은 시간과 노력을 투입한 상황이므로 객관성을 유지하기 어려울 수 있지만, 사용자의 솔직한 피드백에 대해 개방적인 태도를 갖춰야 한다.

프로덕트 매니저나 마케터라면 이 단계에서 모든 계획이 수포로 돌아갈 수 있다는 사실을 잘 알고 있을 것이다. 사용자 테스트에서 큰 문제가 될 만한 이슈가 발견되면 전체 디자인이 폐기될 수도 있다. 이슈가 발견됐는데도 출시를 강행하면 재앙이 뒤따른다.

예시로 화상 회의 서비스인 줌Zoom은 사용자에게 가상 배경을 제공하는데, 2020년 말 줌의 배경을 실행하는 알고리즘이 흑인의 머리카락을 인식하지 못하는 문제가 발견되었다. 때로는 흑인의 경우 얼굴 전체가 인식되지 않을 때도 있었다. 이 정도로 심각한 문제는 서비스가 출시되기 전에 발견해서 해결했어야만 한다.

제품을 출시한 '후에' 해야 할 질문

완벽한 제품은 없다. 당신이 (또는 고객이) 그 솔루션을 얼마나 아끼는지와는 상관없이 수정이나 개선할 수 있는 부분은 언제나 존재하므로 새로운 제품을 출시한 후에도 계속 피드백을 수집하고 사용자 테스트를 수행할 것을 권장한다. 인사이트를 정기적으로 수집하고, 제품을 끊임없이 최적화하면 최상의 경험을 끌어낼 수 있다.

제품을 출시한 후에 사용자 테스트를 또 시행하는 것은 과도한 조치로 보일 수도 있겠지만, 사실 절대 그렇지 않다. 이를 증명하는 사례가 있다. 한 주택담보대출 회사는 자사의 앱을 출시한 뒤에도 계속 사용자 테스트를 진행했다.

이 회사는 사용자 테스트를 여러 차례 진행한 끝에 신청서 체크리스트application checklist를 작성할 때 사용자들이 혼란스러워하는 부분이 있다는 사실을 발견했다. 체크리스트를 작성한 뒤 '지금 신청하기'를 누른 사용자들은 모든 절차가 끝났을 것이라고 예상했지만, 다시 빈칸이 뜨는 것을 보고 당황했다. 회사는 사용자 테스트의 결과를 확인하고, 즉시 신청서 체크리스트의 필수 단계를 명확하게 조치했다.

앱에서 신청서 체크리스트의 모든 단계를 완료하면, 화면에 '축하합니다!'라는 문구가 나타나도록 수정했다. 이렇게 하면 더 작성할 칸도 없고, 신청서가 제출되었다는 점이 명확하게 전달된다.

회사는 변경 사항이 고객의 전반적인 만족도를 충족하고 초과 달성했는지 확인하기 위해 프로세스를 변경하기 전후의 순고객추천지수를 측정했다. 변경 전 앱의 순고객추천지수는 43이었다. 변경 후 앱의 순고객추천지수는 67로 상승했고, 고객 만족도는 250% 이상 증가했다. 출시 후 테스트를 시행한 것은 분명히 그만한 가치가 있는 노력이었다.

유도 질문을 하거나 가설을 증명하려 하지 말라

고객 관점을 탐색하기 위해 사용자 테스트를 하는 것과 자신의 믿음을 확인하기 위해 사용자 테스트를 하는 것 사이에는 큰 차이가 있다. 자신이 만든 제품이 '강력한 신제품'이라고 확신하고 자신의 아이디어를 '증명하기 위해' 사용자 테스트를 시행하면, 잘못된 테스트 결과를 도출할 수 있다.

모범 인터뷰 사례

인터뷰는 질문이 정해져 있는 면접보다 대화에 가깝게 진행해야 한다. 대신 깊이 파고들고 싶은 부분을 위한 후속 질문에 대해 아이디어를 제공해 주는 포괄적인 지침은 필요하다. 다음 조언을 명심하고 인터뷰를 진행하라.

편안하게 하라

일상적인 대화처럼 진행하라. "오늘 와 주셔서 감사합니다. 주말은 잘 보내셨어요?"와 같은 간단한 질문으로 아이스브레이킹부터 한다. 특정 질문을 하거나 주제로 들어가기 전에 참가자가 마음의 준비를 할 수 있도록 약간의 시간을 주는 것이다.

초면의 어색함을 이겨내라

누군가를 알아 가는 데는 불편한 침묵과 머뭇거림, 심리 치료사나 할 만한 질문들이 뒤따르는 법이다. 약간의 어색함은 올바른 방향으로 가고 있음을 알리는 좋은 신호이다. 불편함에 얽매이지 말고 준비해 둔 대본의 흐름에 따라 인터뷰를 진행하라.

폭넓은 질문으로 시작하라

401K나 뮤추얼펀드에 대해 어떻게 생각하느냐는 등의 구체적인 질문으로 들어가기 전에 재무 계획은 어떻게 되는지 등 관심 주제에 관한 일반적인 질문부터 하라. 초반부터 구체적으로 물어보면 대화의 범위가 좁아지거나 편향된 응답이 나올 수도 있다.

상대방이 대화를 이어가도록 격려하라

상대방에게 말을 걸지 않고 대화가 이어지게 하는 가장 좋은 방법은 상대방이 하는 말에 가볍게 '아, 그렇군요'라고 응수하거나 상대방의 말을 앵무새처럼 반복하면서 경청하고 있음을 알리는 것이다. 가령 상대방이 "모르겠어요, 이 페이지는 이상한 것 같아요…"라고 말할 때 잠시

기다렸다가 "페이지가 이상한 것 같군요..."라고 상대방의 말을 반복하면 질문을 하지 않고도 대화를 이어갈 수 있다. 일반적으로 이렇게 하면 상대방이 생각을 정리할 수 있고, 당신이 적극적으로 경청하고 있다는 사실도 강조할 수 있다.

다섯까지 세라

상대방의 말이나 행동에 끼어들고 싶을 때, 머릿속으로 천천히 다섯까지 세는 것이 좋다. 이 기법은 당신이 실수로 중요한 내용을 자르는 행위를 막을 수 있는 간단한 방법이다.

재차 언급하기 미안하지만, 월마트가 던졌던 질문(월마트가 지금보다 덜 어수선하길 바라는가?)이 바로 응답자의 특정 답변을 유도하는 질문이다. 매장 레이아웃에 대해 생각해 본 적이 없는 고객도 "그 얘기를 들으니 그렇네요. 확실히 어수선하게 느껴져요."라고 할 수 있다.

그렇다면 편향된 질문을 피하려면 어떻게 해야 할까? 여기에는 몇 가지 팁이 있다.

- **'예' 또는 '아니오'로 대답할 수 있는 질문은 피하라:** 출구조사에서 "오늘 경험이 즐거웠나요?"라고 물으면, 사람들이 별생각 없이 동의할 개연성이 높으므로 의도치 않게 답변에 영향을 미치는 질문이 될 수 있다. "오늘 경험은 어땠나요?"와 같은 질문을 하는 것이 좋다. "어떤 점이 좋았나요?" 또는 "어떤 점이 마음에 들지 않았나

요?"라고 묻거나 경험에 점수를 매겨 평가해 달라고 하자.

- **긍정적 또는 부정적인 프레이밍에 주의하라:** "오늘 저희와 한 소통이 즐거웠나요?"와 같이 긍정적인 관점에서 만든 질문은 호의적인 답변을 유도할 개연성이 높다. 앞서 예시로 든 월마트의 질문에 포함된 '어수선한'이라는 부정적인 프레임은 왜곡된 결과를 초래하고 회사를 잘못된 방향으로 이끈다.
- **답이 정해진 질문을 하지 말라:** "지난 한 달간 온라인에서 100 달러 이상을 지출하셨나요?"라는 질문에는 이미 기대하는 답변이 숨겨져 있다. "지난 한 달간 온라인에서 지출한 금액은 어느 정도인가요?"와 같은 개방형 질문을 하는 것이 좋다.

핵심에 집중하라

사용자 테스트의 큰 걸림돌 중 하나는 다루는 영역의 범위가 지나치게 넓다는 점이다. 한 번의 사용자 테스트에 너무 많은 질문이 포함되어 있다.

한 번에 광범위한 주제를 다룬 질문을 연달아 하면 이해하기 힘들거나 터무니없는 답변이 나올 수 있다. 논문을 쓰는 것이 아니다. 핵심에 집중하여 목표하는 성과를 명확히 인지하고 질문은 간결하게 하라. 많은 내용을 다뤄야 한다면 사용자 테스트를 여러 세션으로 나누어 진행하는 것이 좋다. 특정 주제에 초점을 맞춘 30분짜리 세션을 세 차례 진

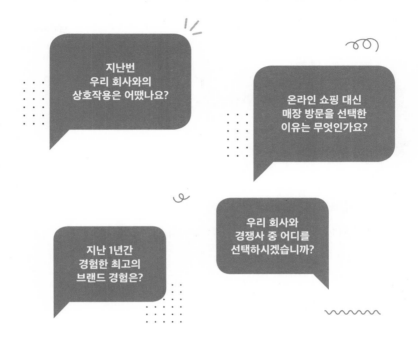

행하는 것이 여러 주제를 다루는 90분짜리 세션을 한 번 하는 것보다 낫다.

원래의 질문을 벗어나지 말라

정보 수집을 시작하기 전에 정해 놓은 질문에 책임을 지겠다고 자기 자신과 약속하라. 사용자 테스트는 매력 있고 흥미로운 일이지만 엉뚱한 결과가 나오기도 하고 시간을 잡아먹기도 한다. 사용자에게 질문에 대한 답변을 듣고 나면 또 다른 질문이 하고 싶어지거나 보편적인 문제에 대해 신속한 피드백을 받을 수 있는지 확인하고 싶어질 것이다. 하지만 그렇게 해서는 안 된다.

원래의 질문에서 벗어나면 두 가지 문제가 생긴다.

주의가 분산된다

질문을 생각할 때 방해가 될 만한 요소를 최대한 고려하라. 배제해야 하는 아이디어가 있는가? 사용자 테스트에서 최선의 신호를 얻을 가능성이 있어 더 많은 주의를 기울여야 하는 부분이 있는가?

위와 같은 요소를 따져서 주의를 분산시키지 말고, 비즈니스와 밀접한 관련이 있는 좁은 범위의 질문을 되새기며 새로운 방향으로 나아가라.

질문이 '경쟁사와 어떻게 차별화할 수 있을까?'라고 가정해 보자. 고객의 의견을 수집하다가 회사의 고객 지원 서비스와 관련된 고객의 경험이 궁금해져서 챗봇에 대해 질문을 던졌다. 이 과정에서 기존 이니셔티브보다 가치 있는 새로운 이니셔티브가 탄생하기도 하지만, 정성스럽게 만든 원래 질문에 대한 답변은 얻지 못하고 시간과 자원만 낭비하게 되는 경우가 더 많다.

데이터에 압도된다

질문을 추가한다는 것은 선별해야 할 데이터가 많아진다는 의미이다. 데이터가 지나치게 많이 생성되면 검토할 시간이나 자원이 부족해진다. 원래의 질문을 잊어버리고 새로운 질문을 추가하면 쏟아지는 정보의 양에 압도될 수 있다.

예를 들어, 원래 질문인 '어떻게 하면 가격을 명확히 할 수 있을까?'에 배송 옵션에 대한 문항까지 슬쩍 끼워 넣는다면 질문의 범위는 두 배로 늘어난다. 관련성이 있는 문항인 것은 맞지만, 상위 목표와 밀접하게 관련되어 있는가? 구체적으로 말해서 추가적인 답변을 표로 작성하고 분석할 만한 시간과 자금이 있는가? 팀이 파악한 문제들을 개선할 수 있는 역량을 갖추었는가?

일단 질문을 만들고 나면, 그 질문이 기준이 되어야 한다. 새로운 실험을 하거나, 새로운 고객과 테스트를 진행하거나, 새로운 개발 단계에 진입할 때마다 그 질문을 다시 검토하고 만트라로 삼아라. 사용자 테스트의 모든 단계에서 그 질문을 떠올려야 한다.

다른 사람들과 답변을 공유할 계획으로 질문하라

수집한 답변과 관점 중 상당수는 당신과 팀에만 유용하겠지만, 광범위한 주제와 알아낸 사실은 널리 공유할 수 있고 또 공유해야 한다. 이를 염두에 두고 흥미로우면서 공유가 가능한 관점을 도출할 수 있는 질문들을 사용자 테스트에 포함하라. 물론 그런 질문만 해서는 안 되지만, 접근 방식의 일부는 될 수 있다.

추천하는 질문들은 다음과 같다.

- **경험하고 느낀 바를 세 단어로 표현해 달라고 요청하기:**
  마케팅 활동에 사용할 수 있는 언어를 고객이 일반화하여 제공하도록 유도하는 좋은 방법이다.
- **가치 제안, 제품, 회사 사명을 자신만의 언어로 설명해 달라고 요청하기:**
  고객의 마음을 들여다볼 수 있고, 오해의 소지를 파악해 사전에 해결할 수 있다.
- **고객의 관심을 끌었던 의미 있는 또는 중요한 상호작용 파악하기:**
  초기 온보딩, 앱 다운로드와 설치, 웹 사이트에서 정보 검색, 광고에 대한 반응 등 고객의 관심을 끌 수 있고 비즈니스 성과와도 연결할 수 있는 활동을 포함하는 것이 좋다.

이러한 고객의 관점을 공유하면 보편적인 동의를 얻을 수 있고, 간단한 인사이트를 공유하면 조직의 구성원 모두가 자신이 서비스를 제공하는 대상인 고객을 이해할 수 있게 된다.

항상 이유를 물어라

앞서 언급했듯이 수치로 된 데이터는 사람들이 '무엇'을 하고 있는지에 대한 많은 정보를 제공하지만, '왜' 그런 행동을 하는지는 말해 주지 않는다. 다행히 사용자 테스트에서 답을 찾을 수 있다. 고객의 동기와 복잡한 요인, 추론을 이해하면 고객에게 진정으로 유용한 제품과 경험을 제공할 수 있다. 이러한 수준의 인사이트가 없으면 추측에 의존하게 된다.

다음 예시를 보자. 당신은 고객들이 문자 알림 수신을 거부하는 경향이 있음을 파악하고 객관식 설문조사를 시행한다. 대다수가 '회사로부터 문자를 받는 것이 싫다'라고 선택했지만, '왜'인지는 알 수 없다. 이때 고객을 직접 인터뷰하면 많은 고객이 문자를 받을 때마다 요금이 부과되는 휴대폰 요금제를 사용하고 있다는 사실을 알아낼 수 있다. 문자 메시지가 회의 중이나 아이에게 낮잠을 재우는 도중 등 부적절한 시간에 도착하는 것일 수 있다. 문자 요금을 부담스러워하는 고객에게는 문자 알림 대신 이메일 알림을 신청하도록 안내하는 방법이 있다. 문자의 타이밍이 좋지 않은 경우, 고객이 문자 알림을 받는 시간을 선택하도록 할 수도 있다. 만약 '회사로부터 문자를 받는 것이 싫다'라는 응답을 받은 뒤 추가 질문을 하지 않았다면, 적극적으로 고객 충성도를 높일 기회를 잃어버린 고객으로 간주하고 떠나보낼 가능성이 크다.

이 작업의 본질은 고객을 깊이 이해하기 위해 할 수 있는 모든 것을 하는 것이다. '예' 또는 '아니오'라는 응답을 얻는 효율적인 방법은 사용자 테스트 외에도 많다. 사용자 테스트는 맥락을 파악하고, 동기를 이해하고, '왜'를 파헤쳐 보다 나은 비즈니스 의사 결정을 내리기 위해 수행하는 것이다.

적절한 접근 방식을 재사용하라

좋은 소식이 있다. 한 번 만든 질문은 다음 사용자 테스트에서 재사용할 수 있다. 일반적인 질문과 접근 방식은 나중에 또 참고 가능하다. 사용자 테스트를 진행할 때마다 처음부터 시작할 필요는 없다. 고객에게 정기적으로 질문하고 신뢰할 수 있는 접근 방식이나 템플릿을 개발하면 이후 테스트를 더욱 빠르고 쉽게 진행할 수 있다.

이제 통찰력 있는 답변을 얻을 수 있는 질문을 만들고, 질문을 하는 데 필요한 도구까지 갖추었으니 직접 고객에게 질문할 차례다. 하지만 '누구'에게 물어야 할까? 적합한 고객은 어떻게 찾아야 할까?

자세히 알아보자.

데이터의 함정

4장

고객을 당신과 동일시하지 말라
중요한 관점에 접근하는 방법

적합한 사람들을 대상으로 사용자 테스트를 하지 않으면 잘못된 인사이트를 얻게 된다. 오랜 시간 고르고 다듬어 정직하고 유익한 답변을 유도할 만한 질문을 설계했다고 확신하더라도, 적합한 개인과 집단에 질문하는 것 역시 중요하다. 그렇지 않으면 수집한 인사이트가 당신을 엉뚱한 방향으로 이끌 수 있다.

이를 증명하는 사례가 있다. 1950년대에 부드러운 맛의 아라비카 커피 원두는 추위나 악천후에 쉽게 죽는다는 이유로 가격이 상승했다. 마트에서 인기가 많은 커피 브랜드 맥스웰하우스Maxwell House는 1954년에 원가를 낮추기 위해 아라비카 원두에 로부스타 원두를 섞어서 팔기 시작했다.

로부스타 원두는 저렴하고 대량 재배가 가능할 뿐만 아니라 병충해와 악천후에도 강하다. 그런데 안타깝게도 쓴맛이 강하고 거칠다는 단점이 있다. 맥스웰하우스는 이 문제를 완화하기 위해 사람들이 맛에 적응할 수 있도록 천천히 점진적으로 로부스타를 도입했다. 단골 고객들을 대상으로 사용자 테스트를 진행한 결과, 기존 커피와 로부스타가 가미된 커피의 차이를 알아차린 고객은 거의 없었다. 맥스웰하우스는 지속적으로 로부스타를 추가하고 충성도가 높은 고객들을 대상으로 테스트를 거쳐 아라비카 함유량을 줄여 나갔다.

수년 동안은 매출이 증가했고 수익도 양호했지만, 수십 년이 지나자 매출이 감소하기 시작했다. 미국의 원두커피와 인스턴트 커피 시장에서 맥스웰하우스의 시장 점유율은 2013년 8%에서 2019년 6.7%로 하락했고, 2019년 4월에는 미국의 식품기업인 크래프트 하인즈Kraft Heinz가 한때 상징적인 브랜드였던 맥스웰하우스를 매각하려고 했다. 무엇이 문제였을까? 맥스웰하우스는 오랜 고객들이 자사 제품에 만족하고 있다는 사실을 지속해서 확인했다. 과연 잘하고 있었을까?

아니었다. 맥스웰하우스는 로부스타 함유량이 증가하는 커피의 맛에 천천히 적응하고 있던 기존 고객들에게만 의견을 구했다. 맥스웰하우스를 처음 마셔 본 신규 고객들은 바뀐 맛을 싫어하는 경우가 많아 신규 고객을 유치하지 못했다. 기존 고객과 잠재 고객 모두를 대상으로 사용자 테스트를 진행했다면, 이러한 실수를 피하고 브랜드도 살릴 수 있었을 것이다.

사용자 테스트는 아무나 불러서 하는 것이 아니다. 놀라운 사실은 기존 고객만을 대상으로 진행해서도 안 된다는 점이다. 중요한 관점을 얻기 위해 누구를 대상으로 테스트할지 결정하려면 신중한 접근이 필요하다. 우리만 알고 있는 내부 정보를 알려 줄 터이니 지나친 걱정은 하지 말라.

고객을 당신과 동일시하지 말라

우선, 기존 고객과 잠재적 고객이 누구인지 안다고 가정하자. 시간과 에너지를 들여 새로운 제품이나 업데이트된 제품을 출시할 시장과 고객 프로필까지 전부 조사를 마쳤다고 치자. 고객 식별과 고객 검증에 관한 책은 시중에 많으므로 여기서는 자세히 다루지 않겠다.

이제 기존 고객과 이상적인 고객이 누구인지 깨달았다면, 자신과 고객은 다르다는 사실도 알 것이다. 동의하는가?

한 번 더 강조하겠다. 고객을 당신과 동일시하지 말라.

스스로 이 사실을 알고 있다고 믿으며 겉으로는 그렇다고 하겠지만,

이 사실을 마음속 깊이 새기지 않아 위험한 가정을 하고 있을지도 모른다. 많은 프로덕트 매니저와 마케팅 담당자가 고객이 자신과 '똑같다'라는 가정을 한다. 심각한 문제는 고객이 원하고 필요로 하는 것을 자신이 알아낼 수 있다는 생각으로 잘못된 제품을 구상하고 잘못된 메시지를 전한다는 점이다.

아는 전문가나 지인은 당신의 고객이 아니다

많은 사람들이 놀라울 만큼 동질적인 직업적, 개인적 네트워크를 형성하고 있으므로 주변 사람들을 관찰하는 것만으로는 충분하지 않다. 특히 백인들의 경우 더욱 그렇다.

최근 여론조사에 따르면, 미국 백인의 75%가 백인으로만 구성된 인맥을 가지고 있다고 답했다. 흑인의 경우 65%가 자신의 인맥이 모두 흑인이라고 답했으며, 히스패닉은 46%가 자신의 인맥이 전부 히스패닉이라고 답했다.

사람은 자신을 이해하고 받아들이리라 믿는 사람들, 즉 자신과 비슷하다고 생각하는 사람들에게 끌리기 때문에 이런 일이 벌어지는 것이다. 런던 경영 대학원London Business School에서 조직 행동학을 가르치는 헤르미니아 이바라Herminia Ibarra 교수는 "마음 가는 대로만 한다면… 우리는 '자기 자신과 비슷한' 사람들로 구성된 인맥, 편리한 인적 네트워크를 만들어 낸다"라고 말했다.

고객을 당신과 동일시해서는 안 되며, 직업적 인맥이나 개인적 인맥도 사용자 테스트의 대상으로는 적합하지 않다.

동네 카페에 있는 손님들도 당신의 고객이 아니다

근처에 사는 사람들에게 프로토타입 제품이나 마케팅 메시지에 대해 피드백을 달라고 요청하기 전에 검토부터 해야 한다. 만약 실리콘밸리에서 일하는데 동네 카페에 있는 사람들을 인터뷰한다면 당신과 동질적인 집단에 속한 사람들을 인터뷰할 가능성이 상당히 높다. 만약 실리콘밸리 주민이 목표 고객이라면 이 또한 괜찮은 접근 방식이 될 수도 있지만, 대부분의 제품과 경험은 그렇게 특정한 인구를 목표 고객으로 하지 않는다.

특히 새로운 시장에 진출하는 경우 지리적 문제를 신중하게 고려해야 한다. 싱가포르에 본사를 둔 회사가 미국에 소셜 미디어 서비스를 출시하려는 경우 싱가포르에 거주하는 미국인만 생각해서는 안 된다. 한발 앞서 현재 미국 거주자들을 대상으로 사용자 테스트를 시행하고, 심도 있는 이해를 바탕으로 공감을 불러일으키는 솔루션과 메시지를 만들어야 한다. 사용자 테스트를 해서는 안 되는 대상에 대해 알아봤으니 이제 인사이트를 얻기 위해 대화해야 하는 대상을 자세히 알아보자.

사용자 테스트에 적합한 사람은 누구인가?

목표 고객의 특성을 가진 사람들

먼저 기본적인 인구 통계에서 시작하라. 목표 고객의 지리적 위치는? 목표 고객은 어느 연령대인가? B2B^Business-to-Business 제품의 경우 고객의 직군이나 업종은 무엇인가? 등 목표 고객을 통합하는 기본 정보를 나열하는 데서 시작하라.

그다음 당신이 생각하는 이상적인 고객의 '고유한 특징'이 무엇인지 생각하라. 고객은 매년 일정 금액을 온라인에서 지출하는가? 두 곳 이상의 금융 기관에서 자금을 관리하는가? 5세 미만의 자녀가 여러 명인가?

연령, 위치 등 기본적인 인구 통계학적 정보는 매우 중요하지만, 이외에도 세분화된 특성에 따라 테스트 대상을 분류했는지 확인하라.

고객 '유형'이 하나 이상일 수 있다

고객의 유형이 하나 이상이어도 괜찮다. 단, 고객의 관점을 수집할 때는 각 유형에 속하는 사람들을 찾아야 한다.

예를 들어, 초중고 교육과 관련된 기술을 개발하고 있다면 인사이트를 얻는 데 학생뿐만 아니라 학부모, 교사, 행정직원, 학교 이사회의 의견까지 필요할 수 있다.

데이터의 함정

처음으로 집을 사는 구매자들을 대상으로 마케팅 캠페인을 하기 위해 피드백을 수집할 때 2인 가구의 주 소득자만을 대상으로 사용자 테스트를 하는 실수를 하지 말고 주 소득자의 파트너와 1인 가구도 모집하는 것이 좋다.

B2B 비즈니스의 경우 고객이 '구매자'인지 '사용자'인지도 고려해야 한다. 제품을 구매하는 사람과 제품을 사용하는 사람이 같은가? 구매 주문서에 서명하는 사람은 IT 책임자이지만, 서른 대의 노트북에 소프트웨어를 설치하는 사람도 같은 사람일까?

제품을 디자인할 때는 최종 사용자의 의견이 필요하지만, 포지셔닝을 위해서는 구매자의 의견이 필요할 수도 있다.

목표 고객의 범주에 속하는 사람들
연령, 위치, 소득 등 다양한 조건의 인구를 찾고 장애인 보조 기술을 사용하는 사람 등 포괄적인 목표 고객을 모집하라.

특정 수준의 전문 지식과 접근성을 당연한 것으로 가정하는 기술 회사는 더욱 그렇게 해야 한다. 구형 휴대폰을 사용하는 사람, 모바일 웹사이트를 이용하는 데 어려움을 느끼는 사람도 있다는 사실을 기억해야 한다. 고속 인터넷에 접속할 수 없는 사람도 있다. 인터넷에 접속할 때 주로 휴대전화를 사용하므로 모바일 친화적인 환경에 대한 의존도가 매우 높은 지역도 있다.

피드백을 줄 사용자를 찾을 때 다양한 경험을 가진 각계각층의 사람들을 모집하기 위해 최선을 다해야 한다. 특정 인구 집단을 대상으로 하겠지만, 해당 인구 집단 내에서도 다양성을 확보해야 한다.

예를 들어, 21세 이상을 대상으로 하는 주류 배달 앱을 개발한다면, 부유한 백인 20대 5명의 의견만 수집해서는 안 된다. 다양한 연령대와 소득 수준, 인종이 적절히 섞여 있는지 확인해야 한다.

사용자 테스트를 할 때마다 완벽하게 균형을 이루는 참가자 집단을 모집하지 못해도 괜찮다. 사용자 테스트를 진행할수록 더 포괄적인 인사이트를 얻기 위해 포함해야 할 대상을 찾을 수 있게 될 것이다. 많은 비즈니스가 그러하듯이 이 과정 또한 반복 과정이다. 시간이 지나면서 알게 된 사실을 종합하고, 테스트 대상도 계속 다각화하여 현재 고객과 잠재 고객을 파악하고 분석하라.

아직 고객이 아닌 사람들

사용자 테스트를 할 수 있거나 할 만한 기존 고객을 많이 보유하고 있을 수 있다. 그러나 기존 고객은 이미 기업을 선택한 고객이므로 당신에게 많은 정보를 알려 줄 수 없다. (맥스웰하우스를 기억하라!)

또한 피드백을 기꺼이 제공하는 기존 고객은 두 가지 범주에 속하는 경향이 있는데, 당신이 제공하는 경험을 좋아하거나 다른 목적이 있을 수 있다. 이들은 객관적인 집단이 아니다. 그래도 귀한 사람들 아니냐고? 물론 그렇지만, 객관적인 집단은 아니다.

사용자 테스트 대상으로 완벽한 사용자를 찾는 법

이제 어떤 참가자를 모집해야 하는지 감은 오는데, 도대체 이들을
어디서 어떻게 찾아야 할까? 다음은 사용자 테스트 참가자를 모집하는
데 일반적으로 사용되는 접근 방식이다.

설문조사 전문 업체

특정 집단이나 전문가 집단에 대한 인사이트가 필요할 경우 설문조
사 전문 업체나 적임자를 뽑아 공급하는 리쿠르팅 회사를 이용하는 것
이 좋다. 참가자 모집과 사용자 테스트를 모두 수행하는 업체도 많지
만, 사용자 테스트와 인사이트 수집은 직접 하고 참가자 모집만 의뢰해
도 된다.

기술 기반 패널

유저테스팅UserTesting에서 제공하는 기여자 네트워크Contributor Network
와 같은 온라인 패널을 통해 전 세계 사람들을 대상으로 피드백 세션을
진행할 수도 있다. 고객의 목소리와 얼굴, 사용 중인 화면을 캡처하므
로 실제와 같은 영상을 얻을 수 있다.

링크드인LinkedIn과 기타 소셜 플랫폼

제품이나 메시지에 대해 말해 줄 전문가 집단이 필요하다면 세계 최대의 비즈니스 전문 소셜 미디어 플랫폼인 링크드인에서 대상 목록을 구매할 수 있다. 다른 소셜 미디어 플랫폼에 게시물을 작성하여 적합한 사람을 찾아볼 수도 있다.

크레이그리스트Craigslist와 기타 포럼

스타트업부터 대기업까지 모든 회사가 사용자 테스트를 시행할 대상 고객을 찾을 때 세계 최대 온라인 직거래 사이트인 크레이그리스트를 사용한다. 크레이그리스트를 사용할 때는 엄격한 심사를 거쳐 적합한 대상인지 확인하고 선발하는 것이 현명하다.

건너 건너 아는 인맥

앞서 고객과 당신은 다르고, 동료 역시 고객이 아니라고 했으니 이 말이 모순된 말처럼 들릴지도 모르겠다. 그러나 '인적 네트워크'에 있는 사람들의 '인맥'을 통해 좋은 참가자를 찾을 수 있다. 이를테면, 교사나 피트니스 강사가 이 경우에 해당된다. 친구나 동료에게 연락해 그들이 알고 있는 교사나 피트니스 강사가 사용자 테스트에 참여할 의향이 있는지 알아보라.

게릴라 설문조사

방금 언급했듯이 인구 통계를 고려하지 않고 가까운 사람들에게서 피드백을 수집하는 것은 금물이다. 하지만 고객 프로필이 있고 동 프로필에 해당하는 사람들이 어디에서 살고, 일하고, 노는지 안다면 그 지역으로 가서 즉시 사용자 테스트를 시행할 수도 있다.

온라인 설문조사

웹 사이트나 앱 방문자를 대상으로 실시간 테스트를 시행하면 영향력 있는 피드백을 신속하게 얻을 수 있다. IT팀이나 디지털팀이 디지털 자산에 코드를 추가해야 할 수도 있지만, 브랜드나 제품에 진정으로 관심을 보이는 사람들을 모집하기 위해서는 그만한 투자를 할 가치가 있다.

B2B 기업을 위한 추가적인 조언

B2B 사용자 테스트의 경우 추가로 고려할 사항이 있으므로 비즈니스 전문가의 인사이트를 수집해야 하는 기업을 위해 몇 가지 조언을 하겠다.

고객 목록과 고객 관리팀

영업팀과 마케팅팀은 상당한 데이터베이스와 이메일 목록을 보유하고 있을 것이다. 이 데이터베이스를 활용하되, 회사의 연락을 받는 데 동의한 고객의 데이터베이스를 활용해야 한다. 또한 고객 관리팀과 협업하여 홍보 활동 전후에 모든 팀이 일관성을 유지해야 한다.

사용자 대상 개입형 설문조사

웹 사이트상에서 진행하는 실시간 개입형 설문조사와 유사하게 사람들이 제품을 사용하는 동안 참여자를 모집하는 접근 방식도 도움이 될 수 있다. 피드백을 구할 때는 참여자가 선택자나 구매자가 아닌 '사용자'라는 점을 명심해야 한다.

고객 지원

지원팀은 매일 고객과 소통한다. 고객들은 하고 싶은 말이 많다. 고객 지원팀과 관계를 형성해 피드백을 주는 고객이나 제품 기능 관련 요청이 있는 고객과 연결해 달라고 하되, 지원팀에 정기적으로 지원을 요청하지 않는 고객들의 피드백도 균형 있게 고려해야 한다.

사용자 테스트를 시행한 후에
목록을 작성하고 관리하기

질문을 작성할 때와 마찬가지로 사용자 테스트의 대상 고객을 찾는 것도 매번 처음부터 다시 할 필요는 없다. 적절한 답변과 다양한 관점을 얻기 위해 시간을 들여 적합한 사람을 찾는 것은 그만한 가치가 있다.

이는 나중에 빛을 발한다. 사용자 테스트를 할 때마다 수 주 혹은 수 개월에 걸쳐 참가자를 모집할 필요는 없어지고, 늘어난 참가자 목록으로 전보다 빠르게 테스트를 진행할 수 있게 된다. 가장 좋은 방법은 참가자 목록을 정기적으로 추가하고 정리해 계속 새로운 관점을 확보하는 것이다.

고객의 중요한 관점을 신속하게 수집하고 조치하는 조직은 빠르게 디지털화되는 세상에서 뚜렷한 경쟁 우위를 점할 수 있다. 어느 접점에서든 인사이트를 얻을 수 있는, 신뢰할 만한 피드백을 주는 사용자 집단을 육성하면 이러한 경쟁 우위를 확보할 수 있다.

5장

포착하고 분석하기
소음 속에서 신호를 포착하는 방법

새로운 마케팅 캠페인의 시각 디자인을 제작한 뒤 충성도가 높은 고객들에게 의견을 구하고, 방금 사용자 테스트 세션이 녹화된 영상을 받았다고 가정해 보자. 흥미진진하지 않은가? 화면에 영상이 등장하고 이제 당신의 아이디어에 관한 솔직한 피드백이 나오려고 한다.

화면에서 '재생'을 클릭하면 엄청난 양의 정보가 쏟아질 것이다. 사용자의 댓글과 사용자가 클릭한 위치, 사용자의 말과 행동, 미묘한 차이가 있는 몸짓과 표정까지 볼 수 있다. 목소리의 어조는 사용자의 의견과 피드백에 또 다른 차원을 더한다. 확인할 것이 많다.

영상을 보다 보면 매우 많은 의견이 있고, 이 의견들이 지극히 주관적이며, 당신도 개인적인 필터를 걸쳐 분석한다는 사실을 깨닫게 된다. 당신 또한 특정 경험을 가진 사람으로서 자신만의 고유한 관점으로 고객의 영상을 해석한다. 그러면 모든 것이 순식간에 복잡해진다.

하지만 우리가 도와줄 것이니 걱정하지 않아도 된다. 이번 장에는 비편향적으로 고객 피드백을 수집하고 분석한 모범 사례가 제시되어 있다. 사용자 테스트 세션을 통해 귀중한 인사이트를 얻는 구체적인 방법과 유용한 지침도 제공한다.

자세히 들어가기 전에 적절한 도구와 팀, 사고방식을 가지고 분석 프로세스에 접근하는 것이 얼마나 중요한지 알려주는 흥미로운 사례를 살펴보자.

편향은 어디에나 존재한다

덴마크의 연구자이자 컨설턴트인 롤프 몰리치Rolf Molich는 사용성 연구 분야의 선구자로서 사용자 테스트를 수행하는 모든 사람이 자신의 편향을 인정하고 대처할 방법을 찾아야 한다고 끊임없이 촉구하고 있다. 1998년에 그는 소규모 연구를 통해 다른 변수를 주의 깊게 통제하더라도 사용자 테스트의 진행자가 테스트 결과에 영향을 미친다는 사실을 확인했다.

몰리치는 사용성 평가 비교CUE 연구 시리즈의 첫 번째 연구로 편향이 모든 사용자 테스트에 영향을 미친다는 사실을 발견했다. 즉 '모든' 사용자 테스트가 편향의 영향을 받는다.

첫 번째 연구에서는 UX 리서처로 구성된 네 팀이 윈도우용 일정 프로그램인 작업 타이머Task Timer에 대한 사용자 테스트를 수행했다. 각 팀은 같은 지침과 도구를 가지고 동일한 방식으로 결과를 보고해 달라는 요청을 받았다. 그러나 모든 팀이 각기 다른 방식으로 지침을 해석하고, 약간의 변형을 가미하여 테스트를 수행했다. 당연히 결과도 팀마다 달랐다.

사용자 테스트를 수행한 네 팀이 보고했던 문제는 총 162개였지만, 두 팀 이상이 보고한 문제는 13개에 불과했다. 중복되는 문제는 많지 않았다. 사용자 테스트에서 일관된 결과가 나온다는 보장이 없다는 증거다. 이것은 누구의 잘못도 아니다. 편향은 인간의 자연스러운 산물이지만, 인식하고 맞서 싸워야 할 대상임은 분명하다.

몰리치는 사용자 테스트 평가의 재현성을 조사하기 위해 사용성 평가 연구를 지속했고, 가능한 유용하고 편향 없는 인사이트를 도출하고 대응하기 위해 여러 가지 중요한 제안을 했다. 다음은 사용자 테스트를 통해 가치 있고 신뢰할 수 있는 결과를 도출할 수 있도록 그가 권장한 사항들이다.

- **사용자 테스트 세션을 두 명 이상이 독립적으로 분석한다:**
여러 사람이 관찰에 참여하면 더 많은 문제를 발견할 수 있고, 함께 숙고하여 조율할 기회도 생긴다.
- **참가자의 행동과 의견을 정확하게 해석하기 위해 특정 지역이나 분야에 전문 지식을 가진 사람의 의견을 구한다:**
참가자가 활동에 접근한 방식이 적절했는지, 중요한 정보를 놓치지 않았는지, 궁극적으로 올바른 위치에 도달했는지 등을 해석하는 데 특정 유형의 지식이 필요할 수 있다.
- **발견한 이슈를 분류하고 우선순위를 정할 때 다른 사람들을 참여시킨다:**
이렇게 하면 주의를 요하는 문제의 수가 줄어들어 가장 중요한 문제에 집중할 수 있게 된다.
- **사용자 테스트에서 '진행자'를 없앤다:**
진행자가 존재하는 사용자 테스트에서는 평가자 효과evaluator effect 가 발생하므로 비용 효율적인 대안 또는 보완책이 될 수 있다. 일부 기술 기반 인사이트 플랫폼은 진행자가 없는 사용자 테스트 서비스를 제공한다.
- **완벽한 사용자 테스트가 아니라고 가치가 없는 것은 아니다:**
사용자 테스트의 목적은 의미 있는 사실을 찾아내 경험에 적용하고 다시 테스트하는 것이다.

이제 진행자가 사용자 테스트에 필연적으로 영향을 미친다는 사실을 알게 되었다. 다음은 어떻게 '사용자'가 의도치 않게 결과를 왜곡하는지, 이에 어떻게 대응해야 하는지 알아본다.

'인간'은 오류를 범하기 쉬운 존재이다

설문조사를 하거나 '자체 보고된' 고객의 피드백을 수집하여 행동 데이터와 비교해 본 적이 있다면, 사람들의 '말'과 '실제 행동'이 완전히 다른 경우가 많다는 사실을 잘 알고 있을 것이다. 예컨대 이메일 뉴스레터 가입 페이지를 테스트하면서 사람들이 뉴스레터를 신청하는 과정을 관찰하다 보면, 참가자들은 여러 부분에서 어려움과 방해 요소들이 많았다고 설명하면서도 '여전히' 가입 경험은 좋았다고 보고한다. 직접물어보면 최소한 좋았다고 대답할 것이다.

참가자들에게 "가입 절차에 대해 어떻게 생각하시나요? 이메일을입력하는 데 성공하셨나요?"라고 질문해 볼 수 있다.

참가자는 가입하는 데 실패했고, 당신도 이 사실을 알고 있는데도"아, 정말 쉬웠어요! 이제 가입됐을 거예요."라고 대답한다.

참가자는 거짓말을 하는 것이 아니다. 단지 상대방이 듣고 싶어 하는 말을 한 것뿐이다. 사회적 바람직성 편향social desirability bias이라고 부르는 이 현상은 설문조사뿐만 아니라 다른 방법으로 고객에 대한 정보를 수집할 때도 나타난다. 간단히 말해, 사회적 바람직성 편향은 설문

데이터의 함정

조사 참가자나 응답자가 타인에게 호의적으로 보이는 방식으로 질문에 답하는 경향을 뜻한다.

'좋은 행동'을 과대 보고하거나 '나쁜 행동'을 과소 보고하는 것도 여기에 해당하고, 피드백을 수집하는 사람에게 '올바른 답변'이라고 생각하는 답변을 제출하는 것도 마찬가지다.

이는 무의식적인 반응으로, 의식하지 못한 채 하는 행동이다. 그러나 테스트 결과에 영향을 미치고, 궁극적으로 할 행동과 하지 않을 행동을 선택하는 데에도 영향을 미친다. (한 가지 해결 방법은 진행자가 아닌 고객이 서로 대화하게 하는 것이다. 자세한 내용은 '엿듣기'를 참고하라.)

'엿듣기'

사용자 테스트를 통해 인사이트를 수집하는 것은 고객에 대한 이해를 높이는 좋은 방법이지만, 유일한 방법은 아니다. 모티베이트 디자인Motivate Design의 CEO 모나 파텔Mona Patel은 서로 잘 아는 고객들이 자발적으로 편안하게 이야기하는 내용을 검토하여 인사이트를 얻는 '인사이더 인사이트Insider Insight™'라는 프로세스를 구축했다. 인사이더 인사이트에서는 고객과 진행자가 함께 하는 기존의 사용자 테스트 환경에서는 발견하기 힘들었던 문제들이 드러나는 경우가 많다.

파텔은 "인사이더 인사이트는 끈끈한 관계에서만 드러나는 즉흥적인 의견, 호기심, 어려움을 찾아 활용합니다. 서로를 잘 아는 사람들만이 아는 주제의 핵심을 기업이 파악할 수 있게 하는 방법이죠"라고 설명했다.

이러한 비정형적인 접근 방식은 기존의 인터뷰, 사용자 테스트 또는 민족지학적 연구를 대체하기 위해 고안된 것이 아니다. 또 다른 방식일 뿐이다. 이 방법은 개인적인 대화에 접근할 수 있다는 이점 외에도 시간과 예산이 빠듯할 때 실행할 수 있다는 장점이 있다. 필터링하지 않은 내러티브를 처리하고 분류하려면 특정 기술이 필요하지만, 인사이더 인사이트는 고객의 사고 프로세스와 신념, 우선순위에 대한 귀중한 관점을 제공해 고객의 동기를 이해하려는 다른 노력을 보완해 줄 수 있다.

사용자 테스트에 참여하는 사람들은 평상시보다 제품에 '더' 몰두한다는 점도 주의해야 한다. 이들은 자신의 피드백이 수집되거나 자신이 관찰되고 있다는 사실을 알면 더 열심히 집중하고 최선을 다하며 산만해지지 않으려고 할 가능성이 높다. 간식을 달라고 조르는 아이, 문자 알림으로 시끄러운 휴대폰, 초인종을 누르는 배달원 등이 있는 집에서 실제 서비스를 이용할 때보다는 사용자 테스트를 할 때 집중할 수 있는 수준이 훨씬 높다.

하지만 절망하지 말라. 사용자 테스트, 그중에서도 특히 고객의 관점에서 의미를 추출하는 과정은 과학이 아니라 예술이다. 테스트를 진행할수록 피할 수 없는 문제를 완화하는 데 능숙해질 것이다.

피드백을 자주 수집하는 것과 피드백을 수집할 때마다 학습자의 마음가짐을 유지하는 것이 중요하다. 그리고 관찰력이 뛰어난 팀원들과 협력하는 것도 중요하다. 팀원 모두가 서로 다른 관점을 제시하고 큰 그림을 볼 수 있도록 도와줄 것이다. 다양한 배경을 가진 이해관계자들을 초대하여 분석을 통해 아이디어와 관점, 지식을 모으는 것 역시 매우 중요하다. (사용자 테스트 수행에 대한 기본 사항은 아래 자료를 참조하라.)

사용자 테스트 수행의 기본 사항

사용자 테스트는 다양한 형식과 방법으로 진행할 수 있지만, 몇 가지 공통 요소가 존재한다. 인사이트를 효과적으로 도출하고, 참가자가 현재 진행 상황과 기대치를 정확히 파악할 수 있도록 하려면 다음 단계를 따르는 것이 좋다.

1단계: 진행자와 세션의 목적 소개

진행자와 세션의 목표는 경험을 테스트하는 것이라는 사실부터 알려라. 이때 테스트 대상이 참가자가 아니라 경험이라는 사실을 강조한다. 올바른 행동이나 말 따위는 존재하지 않으며, 결과적으로 점수를 매기지도 않는다. 목적은 의견과 피드백, 인사이트를 수집하는 것이다. 프로젝트 또는 프로젝트에 들어간 노력에 대해 지나치게 많은 정보를 알려주면, 참가자들이 세션 중에 비판적인 피드백을 제공하기 어려울 수 있다.

2단계: 무엇을 해야 하는지에 대한 설명

세션에 대한 개요를 설명한다. 참가자는 테스트 대상인 경험을 사용하기 위한 활동을 하게 될 것이고, 참가자가 무엇을 하고 있는지, 동시에 어떤 생각이 드는지 '소리 내어' 말해 달라고 요청한다. 사람들은 대개 자기 생각을 소리 내어 말하는 데 익숙하지 않으므로 시범을 보이는 것이 도움이 될 수 있다.

3단계: 진행자의 역할 설명

세션 준비가 끝나면 참가자에게 진행자의 역할을 설명한다. 지금까지는 진행자가 대화를 주도했겠지만, 세션이 시작되면 진행자는 뒷자리에 앉게 된다. 진행자가 지켜보고 관찰할 것이며, 도중에 질문을 할 수도 있으나 대부분은 침묵할 것임을 참가자들에게 알려라. 물론 활동 중에 궁금한 점이 생기는 경우 참가자는 자유롭게 질문할 수 있지만, 답변에 고민이 필요한 질문은 모든 활동을 마친 후에 해 달라고 부탁한다.

4단계: 마무리

참가자가 활동을 완료하고 추가적인 질문도 끝났다면, 도움을 주고 참여해 준 참가자에게 감사의 마음을 전한다. 참가자가 원하는 경우 재방문을 허용한다.

사용자 테스트에서 찾아야 하는 세 가지 주요 신호

사용자 테스트에 관한 기록과 메모, 영상을 검토하는 프로세스는 다양한 방법으로 이루어질 수 있다. 사용자 테스트 결과를 검토하는 방법은 답을 찾고자 하는 질문과 데이터를 받은 방법, 타임라인, 도구, 팀원의 참여 가능성에 따라 달라진다. 그러나 접근 방식과 상관없이 검토와 분석 프로세스에는 항상 세 가지 신호를 찾는 작업이 포함되어야 한다.

신호 1: 사용자는 무엇을 어떻게 하고 있는가?

만약 사용자가 직접 설정할 수 있고, 체중 변화를 알아낼 수 있으며,

스마트폰 앱과 연동되는 디지털 체중계에 대해 피드백을 수집하는 사용자 테스트가 있다고 가정해 보자. 테스트는 사용자가 체중계 및 앱 모두와 어떻게 상호작용하는지에 대한 정보를 얻을 수 있도록 디자인했고, 팀은 사용자 테스트 결과를 바탕으로 버그나 마찰, 디자인의 결함을 제거하려 한다.

팀원들이 함께 첫 번째 테스트 영상을 검토한 결과 사용자들은 체중계를 켜고, 눈금을 교정하고, 앱스토어에서 앱을 찾고, 계정을 만드는 과정에서 다양한 어려움을 겪었지만, 결국 대부분이 모든 활동을 완료했다.

- **일반적 해석:** 성공! 대부분의 사람들이 체중계와 앱을 작동시키는 데 필요한 작업을 완료했다!
- **올바른 해석:** 사용자가 오랜 시간 고생한 끝에 작업을 완료했다 하더라도 그 과정에서 문제가 많았다는 점이 중요한 쟁점이다. 사용자가 작업을 완료했다고 해서 같은 방식으로 다시 그 작업을 하고 싶을까? 작업은 쉬웠을까? 마찰은 없었을까? 사용자 신호를 볼 때는 주어진 작업을 성공적으로 완수하는 것만이 중요한 게 아니라 작업을 수행하는 과정에서 답답함이나 혼란, 비효율, 실수는 없었는지 살펴보는 것이 중요하다. 마찰이 발생하는 지점이 바로 고객 경험을 개선하기 위해 해결할 사항이다.

신호 2: 사용자가 말하는 내용과 표현 방식
두 개의 다른 동영상에서 체중계를 테스트한 사용자들이 체중계나 앱의 기능을 살펴보면서 "흥미롭네요."라고 말한다.

- **일반적 해석:** 사용자는 제품에 몰입하고 있고, 디자인이 사용자의 시선을 사로잡았다.
- **올바른 해석:** '흥미롭다'라는 단어에는 적어도 6가지 다른 의미가 있다. 이 경우 말하는 내용과 표현 방식은 똑같이 중요하다. 인터페이스나 제품의 어떤 측면이 이러한 반응을 끌어냈을까? 기이하다는 말을 정중하게 표현한 것인가? 아니면 진심 어린 관심에서 비롯된 말인가? 가능하다면 후속 질문을 통해 사용자의 의도를 정확히 파악하여 올바른 다음 스텝을 밟을 수 있도록 하라.

신호 3: 부수적인 상황적 신호

여기에는 목소리의 어조, 표정, 사용자가 소리 내어 말하거나 제품을 가지고 하는 행동 외에 관찰할 수 있는 모든 것이 포함된다. 사람들이 체중계 앱의 화면을 자세히 보기 위해 앞으로 몸을 숙이는 모습이 여러 영상에서 관찰되었다고 가정해 보자.

- **일반적 해석:** 사용자들의 참여도와 관심이 뜨겁다!
- **올바른 해석:** 이러한 행동은 참여도를 나타내는 것일 수도 있지만, 사용자가 눈앞에 있는 화면의 내용을 읽거나 이해하는 데 어려움이 있다는 의미일 수도 있다. 사용자들이 눈을 가늘게 뜨고 있는가? 미소를 짓고 있는가? 체중계를 앱에 연결하려고 할 때 혼자 중얼거리고 있는가? 상황적 단서를 바탕으로 긍정적 반응인지,

부정적 반응인지 판단하고 그래도 모르겠다면 후속 질문을 하라.

결과가 의미하는 바는 무엇이며,
이후에는 무엇을 해야 할까?

이미 짐작했겠지만, 사용자 테스트를 검토하다 보면 엄청난 양의 데이터가 쏟아진다. 모든 데이터 조각을 맞추기 위해 최선을 다해야 한다. 데이터를 개별적으로 검토하고 팀이 함께 전체적으로 검토하며, 가장 신뢰할 수 있는 설명에 도달하기 위해 정신적 자원mental resources을 모아야 한다. 여기에 시간과 에너지를 투자하는 것은 이후의 행동과 결정을 이끄는 가치 있는 일이다.

먼저 오류가 없는, 진정으로 '올바른' 답은 나오지 않을 가능성이 높다는 사실부터 인정하자. 목표는 패턴을 파악하고, 의미와 신호에 집중하며, 피드백을 근거로 의미 있는 조치를 하는 것이다. 의심의 여지 없이 명확한 결론이 도출되기를 기대하는 것은 실패를 자초하는 일이다. 하지만 중요한 인사이트와 덜 중요한 인사이트를 구분할 수 있는 몇 가지 신뢰할 만한 전략은 있다.

가장 중요한 것은 빈도이다. '얼마나 많은 사람이 같은 문제를 경험했는가?' 만약 어떤 사용자가 앱스토어에서 디지털 체중계 앱을 찾을 수 없다고 불평한다. 그런데 이 사용자 외에 앱을 찾는 데 어려움을 겪은 사용자가 아무도 없다면, 주의는 해야겠지만 조치할 필요는 없다. 사용자 대부분이 같은 피드백을 보고했다면, 의미 있고 해결할 가치가 있는 피드백이다. (2장의 '카펫에 걸려 넘어진 사람들'을 기억하는가? 넘어진 사람이 한 명이면 실수지만, 두 명 이상이라면 문제가 있다는 뜻이다.)

'얼마나 많은 사람이 이 문제를 경험했는가?'라고 자문하는 것 외에 발견된 문제가 미치는 영향도 고려해야 한다. 사용자에게 회사 웹사이트에 디지털 체중계를 등록해 달라고 요청했는데, 사용자 대부분이 이 단계를 건너뛰고 나서야 앱과 체중계를 연동하기 위한 필수 단계라는 사실을 깨달았다고 하자. 사용자들은 약간의 불편함을 겪었지만, 완전히 이탈하지는 않았다. 만약 많은 사용자가 불만을 제기했거나 눈에 보이는 불편함이 수반되었다면 해결해야 할 문제일 수 있다. 그렇지 않다면 문제로 인해 발생하는 실제 영향을 따져 보고 더 시급한 문제가 무엇인지 판단하라.

마지막으로 문제의 지속성을 고려하여 잠재적인 문제를 파악하라. 동일한 사용자 테스트 세션에서 체중계 눈금이 교정되지 않는 등의 특정 문제가 반복적으로 발생할 때는 의미 있는 문제이다. 만연한 문제는 즉각적인 대응이 필요하다.

세 가지 요소를 모두 생각하면서 관찰한 내용을 분류하고 우선순위를 정하는 가장 좋은 방법은 팀과 함께 친화도 다이어그램affinity diagram을 작성해 보는 것이다. (자세한 방법은 '친화도 다이어그램으로 의미 찾기'와 참고 자료 5.1 확인)

데이터의 함정

친화도 다이어그램으로 의미 찾기

팀이 공동으로 이슈를 파악하고 우선순위를 정하는 방법 중에 가장 대중적이고 신뢰할 만한 방법 하나가 친화도 다이어그램이다. 이 프로세스를 통해 여러 사람이 관계를 기준으로 데이터를 클러스터나 주제로 세분화하고 우선순위에 투표하여 다음 단계를 쉽게 조율할 수 있게 된다. 친화도 다이어그램의 작동 방식은 다음과 같다.

1단계: 포스트잇 사용하기

팀원들은 사용자 테스트를 보면서 관찰한 내용을 포스트잇에 적는다. 포스트잇 한 장당 관찰한 내용 한 건을 기록한다.

2단계: 아이디어 분류하기

테스트가 끝나면, 각자 작성한 포스트잇을 벽이나 (디지털) 화이트보드에 붙인다. '유사한' 내용의 포스트잇끼리 분류하고, 이를 바탕으로 주제나 카테고리를 만든다. 예를 들면 콘텐츠, 등록, 탐색 등의 카테고리를 만들 수 있다.

3단계: 우선순위 정하기

분류 작업이 끝나면 모든 사람이 정해진 수의 '표'(보통 3~5개)를 가지고, 가장 우선순위가 높은 이슈나 주제에 투표한다. 가장 많은 표를 얻은 이슈를 먼저 다루고, 나머지는 이후에 처리할 이슈로 둔다.

4단계: 해결해야 할 이슈를 파악하기

팀에서 우선순위가 '높다'라고 판단한 각각의 문제를 해결하는 데 필요한 노력과 그 문제가 고객 경험에 미치는 영향을 파악한다. 어떤 작업이 가장 큰 영향을 미치고, 어떤 작업이 가장 쉽고 빠르게 해결될 수 있는지 식별하고 나면 다음 단계에 대한 합의를 도출할 수 있다.

| 참고 자료 5.1 사용자 테스트에서 발견한 문제의 우선순위를 정하기 위한 2x2 매트릭스 |

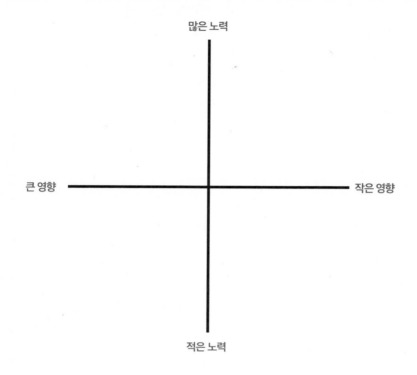

테스트 결과를 빈도, 영향력, 지속성 측면에서 논의하면 테스트에서 듣고 본 내용을 처리하는 데 유용하다. 그렇다면 테스트 도중이나 후에 고객이 제안한 내용은 어떻게 해야 할까? 웹 사이트의 배경색을 변경하거나 헤드라인에 다른 형용사를 넣으라는 고객의 제안은 고객 주도적이고 실행할 수 있는 변화이니 구현해야 하지 않을까?

그럴 수도 있다. 하지만 팀이 함께 고민하고 그 의미를 논의하는 것

데이터의 함정

이 좋으며, 고객의 제안을 절대로 '있는 그대로' 실행해서는 안 된다.

  고객은 내부 직원들만 아는 디자인 측면이나 전략적인 측면을 고려하지 않고, 표면적인 수준의 관심사에 기반하여 아이디어를 제시하는 경우가 많다. 당신의 임무는 고객이 경험이나 내러티브로 알려주는 근본적인 문제를 해석하고 '해결'하는 것이다. 고객이 원하는 대로 변경한다고 해서 문제의 근본적인 원인이 해결되는 경우는 드물다. (고객은 그렇게 생각하지 않겠지만!)

인사이트 실행하기
얻은 정보를 어디에 어떻게 적용할지 결정하라

　사용자 테스트에서 해결해야 하는 이슈를 발견했다면 그것은 인사이트이며 훌륭한 지침이 된다. 이것이 사용자 테스트가 제공하는 가치이다. 그러나 만약 발견한 인사이트를 고객 경험을 개선하는 데 사용하지 않는다면 그 가치를 낭비하는 것이다. 인사이트를 수집하는 것은 첫번째 필수 단계이지만, 인사이트를 실행하는 것 역시 똑같이 중요한 조치이다.

　가장 좋은 시작점은 찾아낸 이슈를 다른 팀에 전달할 것인지, 아니면 직접 해결할 것인지 결정하는 것이다. 그런 다음 문제를 해결하거나 개선하기 위해 실행 가능한 다음 단계가 무엇인지 파악한다.

사용자 테스트 이후에는 다양한 문제와 잠재적 조치가 발생하는데, 이에 대응하는 방법에 있어서 '정답'은 존재하지 않는다.

실제로 사용자가 직면하는 대부분의 문제에 대한 솔루션은 여러 가지가 될 수 있다. 다음은 몇 가지 예시이다.

- 사용자로부터 더 많은 정보가 필요하다는 피드백을 받은 경우 추가해야 하는 정보가 무엇인지 파악하고 파악한 내용을 종합하라. 더 많은 이미지나 다른 이미지, 더 많은 문구 또는 고객 리뷰가 필요할 수 있다.
- 사용자가 특정 항목을 찾는 것을 어려워했다면 명명 규칙naming convention이나 콘텐츠 구성 방식, 검색 기능에 문제가 있을 수 있다.
- 마케팅 메시지나 전략을 테스트했는데 아무런 호응을 얻지 못했다면 목소리의 어조, 시각적 요소, 클릭 유도 장치 등 다양한 문제가 있을 수 있다.

무슨 말인지 감이 올 것이다. 모든 문제를 해결할 수 있는 만능 열쇠 같은 해결책은 없다. 하지만 막막해 하지 말고, 다양한 시도를 해본 뒤에 다시 사용자 테스트를 진행해 진전이 있는지 확인해야 한다. 고객으로부터 부정적인 피드백을 받으면 실망스러울 수 있지만, 좌절해서는 안 된다. 빠르게 반복하고, 더 많은 피드백을 요청하고, 계속 최적화하라.

알아낸 사실을 어디에 어떻게 적용할지 결정하는 것은 피드백의 수

준과 유형에 따라 다르지만, 결론적으로 수집한 인사이트는 경험을 '개선'하는 데 사용되어야만 가치가 있는 것이다.

사용자 테스트를 통해 얻을 수 있는 인사이트의 유형

사용자 테스트를 통해 얻을 수 있는 가장 일반적인 유형의 인사이트와 이를 활용할 수 있는 가장 생산적인 방법을 알아보자.

'내가 생각했던 대로 작동하지 않네.'
제품을 이용하는 데 어려움이 있는 경우

사용자 테스트를 시행하는 거의 모든 팀이 이해도, 사용 편의성, 상호작용, 탐색 가능성 또는 검색 가능성과 관련된 문제를 발견하게 된다. 이러한 문제 대부분이 혼선을 빚는 디자인이나 문구에서 발생한다. 대다수가 비교적 쉽게 해결할 수 있는 사소한 문제이며, 사용자들 스스로 솔루션을 찾는 경우도 있다.

온라인으로 새로운 자동차 보험에 가입하려 하는데, 보장 내용 중에 혼란을 일으키는 부분이 있어 채팅이나 전화로 문의하려는 고객이 있다. 이것은 콘텐츠 문제이다. 이 문제를 무시하고 고객이 계속 문의하도록 놔둘 수도 있다. 하지만 웹 사이트에 자세한 내용을 추가하면 고객 경험은 쉬워지고 서비스 센터의 지원 비용은 절감된다.

디자인의 세계에서도 비슷한 문제가 발생한다. 터치스크린이 있는 무인탑승수속기check-in kiosk를 만들었는데, 수화물을 위탁하려는 고객이 화면을 조작하는 방법을 모른다면 발권 카운터로 가서 처리해야 할 수도 있다. 고객은 원하는 활동을 완료하겠지만, 이는 고객에게 즐겁지도 효율적이지도 저렴하지도 않은 경험이었을 가능성이 높다. 이러한 디자인 문제는 명확한 지침을 마련하거나 민감한 터치스크린을 설치하는 방법으로 해결할 수 있다.

고객이 구매를 포기하고 다른 곳으로 이동하게 하는 치명적인 UX 문제도 있다. 결제 과정에서 배송비가 명확하게 표시되지 않아 고객이 경험을 포기한다면 이는 심각한 문제이다. 고객이 문제를 해결하기 위해 서비스 데스크를 찾는데, 서비스 데스크를 찾을 수 없거나 앞에 줄을 선 고객이 20명이나 되어 매장을 떠난다면 고객 충성도가 위험해진다. 좌절과 포기로 끝나는 사용자의 문제에는 정신을 똑바로 차리고 주의를 기울여야 한다.

하지만 사실 이 카테고리에 속하는 모든 문제에는 일반적으로 명확하고 간단한 솔루션이 존재한다. 고객이나 시장을 잘못 이해한 것이 아니라 계산을 잘못했거나 디자인이 잘못되었거나 핵심 정보를 빠뜨렸을 뿐이다. 문제 해결에는 큰 비용이 들 수 있지만, 필요한 조치는 복잡하지 않다. 텍스트를 추가하고, 상품을 재배치하고, 매장 구조를 변경하고, 콘텐츠나 디자인을 변경하여 고객이 필요한 작업을 차질 없이 수행할 수 있게 하면 된다.

사소해 보이는 솔루션은 언제나 주목할 가치가 있다. 실제로 문제가 해결되지 않으면 비즈니스에 부정적인 영향을 미칠 수 있고, 이러한 문제가 경험 전반에 걸쳐 산재해 있는 경우에는 더욱 그렇다. 고객들이 자신만의 솔루션을 찾아냈다고 이에 만족하고 다시 같은 문제를 해결하고 싶어 하는 것은 아니다. 최적화하지 않으면 고객 경험을 개선할 수 없다. 고객 경험이 유쾌하지 않다면 고객은 얼마든지 다른 곳으로 떠날 수 있다. 사용 편의성 문제를 해결하여 차별화를 꾀하라.

'이게 정말 내게 적합한 제품인가?'
제품에 의구심을 품는 경우

영국의 SPA브랜드인 ASOS 앱에 관한 독립적인 연구를 시행한 사용자 테스트 팀은 웹 사이트의 첫 화면에 대한 피드백을 수집했다. 첫 화면은 화려한 옷을 입은 사람들이 스케이트보드를 타거나, 웃고, 달리는 등 활기찬 모습이 담긴 밝고 활동적인 동영상으로 구성되어 있었다.

영상을 좋아하는 사용자도 있었지만, 주저했다는 사용자도 있었다. 이들은 영상을 꺼리거나 불쾌함을 느낀 것은 아니었지만, 확신할 수 없었다. 한 사용자는 이렇게 말했다. "저는 서른둘인데 이런 활동을 하기에는 너무 나이가 든 것 같아요. 잘 모르겠어요. 제가 받은 전반적인 첫인상은 그렇습니다. 쳐지지 않는 분위기는 강렬해서 마음에 들어요. 영상이 쉬지 않고 이어지니까요."

사용 편의성 문제가 있어도 사용자들이 자신만의 솔루션을 찾고 작

데이터의 함정

업을 완료하는 것처럼, 첫 화면에서 주저하더라도 웹 사이트나 제품을 계속 사용할 수는 있다. '이게 정말 나한테 맞나?'라는 의문이 들더라도 말이다. 그러나 흥미를 잃고 떠나거나 자신에게 맞는 다른 대안을 찾을 수도 있다. 그런 위험을 감수하고 싶은가?

이러한 유형의 피드백을 받으면 제품을 제시하는 방식을 일부 변경하거나 조정해야 한다. 어느 부분에서 공감이 안 되는지, 그 이유는 무엇인지 깊이 파고들어야 한다. 고객에게 어떤 부분이 투박하거나 자연스럽지 않은지 설명해 달라고 요청하고, 부정적인 반응을 보이는 이유를 명확히 말해 달라고 하라. 그렇게 하면 고객이 선호도를 표현하는 데 사용하는 언어를 배울 수 있고, 고객의 사고 패턴과 추론 방법을 들여다볼 수 있다. 피드백을 바탕으로 제품을 고객의 니즈에 맞게 조정하고 수정한 다음, 다시 테스트를 통해 제품이 개선되었는지 확인하면 된다.

'내게는 적합하지 않아.'
제품의 가치를 보지 못하는 경우

악몽 같은 상황이다. 사람들이 제품의 가치를 보지 못하는 것은 고객, 고객의 문제, 고객의 문제를 해결하는 최고의 솔루션에 대한 이해가 근본적으로 잘못되었을 때 발생하는 파괴적인 문제이다. 이는 사용자가 콘텐츠에 공감하지 못하거나 가치를 느끼지 못할 때 발생하는 상황이다.

가령 학자금 대출을 관리하는 앱을 개발한 뒤 사용자 테스트를 통해 사람들이 앱을 다운로드하고, 사용하고, 서비스에 등록할 수 있는지 확인했다고 하면, 사람들에게 그런 앱을 원했는지 물어본 적은 있는가?

목표에 도달하지 못하면 엉뚱한 앱을 만든 것인지는 금방 알아차리겠지만, 혹시 몰라 사람들이 제품에 대한 가치를 전혀 또는 거의 느끼지 못하고 있음을 알리는 몇 가지 신호를 소개하겠다.

- 제품을 세 단어로 표현해 달라는 사용자 테스트에서 '나에게 적합하지 않음' 또는 '나에게 필요 없음'과 같은 응답을 받는 경우.
- 디자인이나 미적 측면에 대한 의견을 구했는데, 사용자가 잘 모르겠다고 하거나 이와 같은 개념에 거부 반응을 보이는 경우
- 사용자가 마케팅 메시지에 공감하지 못하고 얼굴을 찡그리거나 황당해 하는 등의 부정적인 반응을 보이는 경우
- 사용자 대부분이 같은 불쾌감이나 반감을 표현하는 등 공감하지 못하는 경향이 관찰되는 경우

이런 일은 일어나지 않기를 바라지만, 일어나기 마련이다. 이러한 일이 발생할 경우 어떻게 대처해야 하는지 알아보자.

문제와 고객을 최대한 깊이 이해하려 노력했던 처음으로 돌아가자. 실망스럽겠지만, 고객을 위해 고안한 솔루션이 고객에게 거부당하고 있으므로 필요한 과정이다.

데이터의 함정

이상적인 고객 프로필과 문제를 다시 살펴보면서 어디서부터 잘못되었는지 정확한 지점을 찾아내야 한다. 잘못된 가정을 하지는 않았는가? 고객이 아닌 자신의 선호도에 따라 솔루션의 방향을 정하지는 않았는가? 단계를 되짚어가며 어긋난 지점을 찾아라.

그렇게 하면 사용자 테스트를 조기에 자주 시행하여 전체 과정을 수정해 나갈 수 있다.

사용자 테스트를 통해 이해한 바를 공유하라

사용자 테스트 이후 취해야 할 조치 중 하나는 결과를 공유하는 것이다. 사용자 테스트를 통해 얻은 인사이트는 제품이나 서비스를 접하는 모든 사람과 관련이 있으므로 반드시 공유해야 한다. 다음은 사용자 테스트 결과를 공유하는 방법이다.

- **사용자 테스트를 녹화한 영상으로 스토리텔링 한다:**
  고객의 눈으로 세상을 보는 것보다 더 강력한 것은 없다. 대부분의 사용자 테스트에는 사용자가 경험을 하는 동안 무슨 일이 일어났는지, 그리고 그 경험을 사용자가 어떻게 생각하는지를 스토리로 전달하는 데 활용 가능한 흥미롭고 의미 있는 순간들이 포함된다.
- **지속적으로 공유한다:**
  모든 관계자가 고객을 최우선으로 둘 수 있게 한다. 사용자 테스트에서 고객이 제품에 관해 이야기하는 영상으로 회의를 시작하여 회사 전체가 알 수 있게 한다. 이러한 홍미로운 고객의 관점을 공유할 수 있는 슬랙 채널을 만든다. 일상적인 업무에 고객의 목소리를 반영할 방법을 찾아보자.

- **고객의 이야기를 지표와 연결한다:**
참여율 또는 전환율 같은 주요 지표를 사용자 테스트의 영상이나 고객이 한 말과 함께 보면 새로운 차원의 이해를 얻을 수 있다.

- **인사이트를 창의적으로 표현한다:**
사용자 테스트에서 얻은 데이터와 결과를 홍미로운 시각 자료로 만든다. 예를 들면 텍스트 데이터를 시각화한 워드클라우드word cloud로 사람들이 제품을 설명하거나 의견 차이를 나타내기 위해 흔히 사용하는 단어를 보여 줄 수 있다.

알아낸 사실 계속 추적하기

알아낸 내용을 추적하고 공유하면서 축적된 지식은 전사 차원의 지식이 되고, '미래'에도 적용할 수 있는 지식이 된다. 사용자 테스트를 꾸준히 시행하면 고객에 대한 더욱 깊은 이해와 유대감을 쌓을 수 있다. 고객의 생각과 마음을 순간적으로 들여다보는 것을 넘어 지속해서 적용할 수 있는 지식과 인사이트를 쌓게 된다.

사용자에 대해 학습한 내용을 버리거나 포기하지 말라. 사용자가 제

데이터의 함정

공한 인사이트를 여러 서비스에 걸쳐 계속 활용하면 사용자에게 더 나은 서비스를 제공할 수 있고, 내부적으로는 공통된 이해를 구축할 수 있다.

3부

실전 가이드

인사이트는 비즈니스에 어떻게 적용되는가

고객의 눈으로 보는 것이 얼마나 혁신적인지, 어떻게 사용자 테스트로 필요한 인사이트를 얻을 수 있는지 알아봤으니, 이제 현명한 의사 결정을 내리기 위한 전략을 살펴볼 차례이다. 지금까지 배운 내용을 어떻게 업무에 적용할 수 있을까? 이 실전 가이드는 사용자 테스트를 시행할 가능성이 가장 높은 팀을 기준으로 제품팀을 위한 챕터, 마케팅팀을 위한 챕터, 전반적인 고객 여정을 지원하는 팀을 위한 챕터 등 세 부분으로 구성하였다. 하지만 프로덕트 매니저라면 마케팅을 위한 챕터에서 흥미로운 정보를 얻을 수 있을 것이고, 수요 창출을 담당하는 마케터라면 제품팀을 위한 챕터와 고객 여정을 지원하는 팀을 위한 챕터에서 많은 것을 배울 수 있을 것이다. 경영진이거나 웹 개발자 또는 디자이너라면 모든 챕터를 완독하라. 후회하지 않을 것이다.

USER TESTED

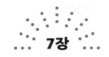

7장

제품 개발
사랑받는 제품을 만들라

애플, 우버, 넷플릭스, 로빈후드, 줌, 테슬라, 에어비앤비. 이 기업들은 모두 기존 제품을 개선하는 데 그치지 않고, 급진적인 혁신으로 완전히 '새로운 시장'을 창출한 파괴적 혁신 기업이다. 이러한 기업들이 널리 존경받고 사명선언문부터 패키징, 디지털 서비스, 제품 디자인에 이르기까지 모든 분야에서 영감의 원천으로 끊임없이 인용되는 것은 당연한 일이다.

그러나 많은 기업과 제품 개발팀이 시장을 창출하는 혁신적인 기업들의 사고방식과 방법을 따르지 않고 '제2의 우버'나 '제2의 에어비앤비'가 되기를 꿈꾼다. 파괴적 혁신 기업들은 사용 편의성과 독창적인 디자인을 구현하는 것을 넘어 획기적인 방식으로 핵심 문제를 해결하는 데 집중했다. 외부로 눈을 돌려 고객의 불편, 불만, 선호에 끊임없이 귀를 기울였다.

안타깝게도 고객들은 당신이 보여 주기 전까지는 자신이 원하는 것이 무엇인지 모를 수도 있으므로 고객의 선호를 충족하기 어려울 수 있다. 그렇다고 이 말을 전적으로 믿지는 말라. 세계에서 가장 영향력 있는 혁신가 제프 베조스Jeff Bezos는 2016년 주주 서한에서 "아마존에 프라임 멤버십 프로그램을 만들어 달라고 요청한 고객은 한 명도 없었지만, 고객들은 이 프로그램을 원했던 것으로 판명되었다"라고 말한 것으로 유명하다.

차세대 시장 창조자가 되고 싶다면 베조스의 말을 곱씹어 보라. 문제의 핵심을 이해할 때까지 고객의 피드백과 관점을 관찰하고, 경청하고, 처리하고, 요약하는 것은 당신의 몫이다. 그런 다음 문제를 해결할 솔루션을 찾고, 솔루션을 반복적으로 확인하고, 피드백을 수집하여 최상의 고객 경험을 제공하는 솔루션을 내놓아야 한다.

또한 제품 '검증'이 필요한 출시 직전뿐만 아니라 제품 개발 프로세스의 여러 지점에서 기꺼이 이 작업을 수행해야 한다.

제품 개발을 위한 인사이트

제품팀은 정기적으로 반복되는 정해진 워크플로우를 따르는 경우가 많다. 제품팀이 모든 단계에서 학습, 개선, 반복을 위한 피드백을 계속 받을 수 있도록 워크플로우에 사용자 테스트를 통합하는 것은 가능하며, 그렇게 해야만 한다.

20년 이상 인간 중심 디자인 프로세스를 최적화해 온 인사이트 리더 젠 카델로Jen Cardello는 간단하고 우아하며 고객 관점을 지속적으로 반영하는 데 매우 효과적인 제품 개발 모델을 만들었다.

제품팀에게 매번 '올바른가'라는 질문을 하도록 촉구하는 이 모델을 매우 좋아한다.

| 참고 자료 7.1 젠 카델로의 제품 개발 프레임워크 |

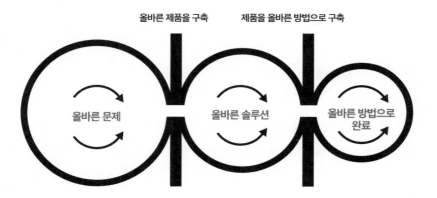

- **올바른 문제 해결하기:** 문제 공간problem space에 있는 문제 중 '최상의' 기회를 제공하는 문제는 어떤 문제인가?
- **올바른 솔루션 구축하기:** 가능한 솔루션을 탐색할 때 회사의 시스템과 리소스를 고려해 가장 쉽고, 저렴하고, 빠른 솔루션은 무엇일까?
- **솔루션을 올바르게 구체화하기:** 선택한 솔루션을 구체화해 보니 고객의 기대에 부응하는가? 아니면 임의적인 마감 기한을 맞추기 위해 무리하게 추진하고 있는가?

다음 섹션에서는 각 단계의 중요성을 알아본 뒤 관련 사례를 들여다보며, 당장 적용할 수 있는 사용자 테스트 접근법을 제시한다.

올바른 문제 해결하기

왜 중요한가?

성공적인 제품을 출시하기 위해서는 문제를 파악하고 깊이 이해하는 것이 가장 중요하다. 잘못된 문제를 해결하면 실패한다. 올바른 문제를 잘못된 솔루션으로 해결해도 실패한다.

활동이나 이벤트에 대한 사람들의 생각, 인식, 감정을 이해하면 경험 중 어느 부분이 부족한지 파악할 수 있고, 궁극적으로 해결해야 할 매력적이고 가치 있는 문제를 발견할 수 있다. 이 작업은 두 가지 방법으로 수행할 수 있다. 첫 번째, 고객을 인터뷰하며 대화하는 방법과 두 번째, 고객이 기존 솔루션이나 기타 상황 정보 등의 주변 세계와 상호 작용하는 모습을 관찰하는 것이다.

식품 저장실, 사무실, 스마트 스피커를 두는 곳 등 고객의 세계로 들어가 이 두 방법으로 고객이 '어떻게 사고하고 행동하는지' 알아낼 수 있다.

마지막으로 해결할 가치가 있는 문제를 파악했다면 잠재 고객으로부터 그 믿음을 검증받는 것이 중요하다.

올바른 문제를 고를 때 흥미로운 점은 가치 있는 여러 문제가 발견되어 그중 하나를 선택해야 할 가능성이 크다는 것이다. 가장 좋은 문제를 식별하는 프레임워크가 있다. (자세한 내용은 이 다음 '결과 중심 혁신'을 참조) 문제를 선택한 뒤에는 선택한 문제에 대한 심도 있는 맥락적 이해가 필요하다. 맥락을 이해하지 못하면, 핵심 요구 사항을 제대로 파악하지 못한 상태에서 문제에 대한 설명이나 요구 사항을 해석해야 한다.

사례 연구: 디즈니의 매직밴드

디즈니 테마파크를 방문한 고객 중 그 어떤 고객도 '더 좋은 경험을 가능하게 하는 것이요? 호텔에 들어가고, 기념품을 결제하고, 좋아하는 놀이기구를 예약할 수 있는 손목 밴드요'라고 한 적은 없다. 하지만

결과 중심 혁신

일부 기업에서는 결과 중심 혁신ODI, Outcome-Drive Innovation 모델과 같은 프레임워크를 사용하여 이 단계의 사고를 유도한다. 이 모델은 내부적으로 생성된 아이디어가 아닌, 충족되지 않은 고객의 니즈를 조사하고 디자인할 것을 요구한다. 이 모델은 고객의 니즈를 '해야 하는 일'로 정의하여 두 가지 이점을 제공한다. 팀이 제안한 솔루션의 효율성에 집중하고, 특정 아이디어나 모델에 집착하지 않게 해 준다. 결국 이 모든 것의 목적은 작업을 완료하고 고객을 돕는 것이다.

경영진은 테마파크에 오는 것이 줄을 서고, 식사를 기다리고, 상품과 서비스를 결제하기 위해 기다리는 것을 의미하며, 특히 월트 디즈니 월드Walt Disney World는 끝없이 긴 줄로 명성이 자자하다는 사실을 알고 있었다.

수년 동안 해결책을 찾지 못한 채 문제는 악화되고 있었다. 당시 월트 디즈니 파크 앤 리조트의 사장이었던 멕 크로프턴Meg Croften은 '문제'를 깊이 이해하고 올바른 솔루션을 구축하기 위해 팀을 파견했다. 그녀는 고객이 고통을 느끼는 '문제 지점paint points'을 찾고 있다고 했다. 수년 동안 10억 달러에 가까운 투자를 한 끝에 탄생한 것이 디즈니 매직 밴드였다.

이 손목 밴드에는 사방으로 약 12미터까지 전송되는 무선 칩이 내장

되어 있어 사용자가 움직일 때 테마파크 내 시스템과 통신한다. 이 밴드를 착용하면 열쇠나 지갑, 서류를 들고 기다리지 않아도 테마파크에 입장하고, 호텔 객실에 체크인하고, 물건을 구매하는 것이 가능하다. 마찰 없는 기술의 최고봉이라고 할 수 있다.

매직밴드가 도입되자 방문객은 더 많은 돈을 쓰기 시작했고, 재방문하겠다고 답한 첫 방문객의 비율이 70%로 증가했으며 (6년 전에는 50%), 보행로를 막는 긴 줄이 없어지면서 매일 5,000명이 더 테마파크를 방문할 수 있게 되었다. 디즈니가 해결해야 했던 문제는 '줄을 서서 기다리는 것'이었다.

바람직한 접근법: 인터뷰를 통해 문제 공간과 관련된 고객의 경험과 관점 듣기

목표: 가장 영향력 있는 문제를 식별하고 이해한다.

1단계: 현재 고객이 문제 공간을 어떻게 다루고 해결하고 있는지 대화한다.

고객과의 대화는 개방적이어야 하며, 이에 대한 조언은 다음과 같다.

• **폭넓게 시작한다:**

대화의 범위를 좁히거나 바로 특정 문제를 질문하지 말라. 대지에

되도록 오래 머물러라. 교육자를 대상으로 제품을 구축한다면, 유능한 교사가 되기 위해 무엇을 하고 있는지 질문하라. 처음부터 채점 등의 특정 활동에 관한 질문을 던져서는 안 된다. 그럼 성급하게 범위가 좁아질 수 있다.

- **무엇이 잘 작동하고 어디에 기회가 있는지 찾는다:**
  고객 삶의 특정 영역에 어떤 기복이 존재하는지 알아본다. 재무 설계사는 고객들과 관계를 형성하는 것은 좋아하지만, 고객 관리에 필요한 기술을 사용하는 데 어려움이 있을 수 있다. 이것이 해결해야 할 문제일 수도 있다.

- **고객이 기존의 문제를 어떻게 해결하고 있는지 알아본다:**
  다른 솔루션으로 문제를 해결하고 있다면, 비록 그것이 최선이 아닌 차선책일지라도 무엇을 하고 있는지, 무엇이 잘 작동하는지, 어떤 차이가 있는지 알아본다. 여기에 기회가 있을 것이다.

2단계: 흥미로운 영역을 파고든다.

고객의 문제 공간과 현재의 해결 방법에 관해 대화하다 보면 자세히 알아보고 싶은 흥미로운 영역을 발견하게 될 것이다. 깊이 탐구해 볼 가치가 있는 영역은 다음과 같다.

- **의사 결정 과정에 다른 사람이 관여하는지 알아본다:**
  중요한 결정을 내릴 때 다른 사람이 관여하는가? 관여하는 사람이 파트너나 배우자인가? 다른 학부모인가? B2B 환경에서 고객이 최종 사용자라면, 그는 상사를 설득해야 하는가? 의사 결정에 관여하는 모든 사람을 파악하면, 모든 이해관계자와 그들의 니즈를 식별하고 이해하는 데 도움이 된다.

- **경쟁 제품에 대한 세부 정보를 수집한다:**
  현재 솔루션의 일부가 경쟁 제품이라면, 경쟁 제품은 어떻게 소비자를 만족시키고 있는가? 무엇이 효과적인가? 기회는 어디에 있는가? 이러한 정보가 당신이 파악한 문제에 어떤 영향을 미치는가?

- **문제가 불러일으키는 강한 감정이 있는지 파악한다:**
  인간관계, 자녀와의 문제, 경력개발, 기타 인생의 사건들은 종종 큰 감정과 연결되어 있다. 고객의 사고방식을 깊이 이해하면 문제나 기회의 우선순위를 정할 수 있고, 제품 개발 프로세스의 후반부로 넘어갈 때 도움이 되는 깊은 수준의 공감을 형성할 수 있다.

- **문제의 심각성을 이해한다:**
  문제의 심각성을 이해하면, 고객이 문제 공간을 어떻게 인식하는지에 대한 인사이트를 얻을 수 있고 최상의 기회도 찾을 수 있다. 고객과 대화하면서 파악한 다양한 문제에 점수를 매기거나 우선순위를 정해 달라고 요청하라.

3단계: 조치하고 알아낸 사실을 공유한다.

고객과 대화를 나누다 보면 흥미로운 정보를 많이 발견하게 될 것이다. 그중에는 즉시 실행할 수 있는 것도 있고, 그렇지 않은 것도 있다. 사용자를 이해하고 올바른 문제를 파악한다는 목표로 돌아가서 수집한 정보를 바탕으로 행동하는 방법은 다음과 같다.

- **문제 목록을 인사이트와 연결한다:**

  설문조사나 기타 피드백 메커니즘을 통해 찾아낸 문제 목록이 있을 것이다. 각 문제를 경험한 사람의 수와 더불어 문제의 본질을 파악하라. 문제와 관련된 감정은 무엇인가? 고객의 관점에서 그 문제는 얼마나 심각한가? 솔루션에 대한 수요는 어느 정도인가?

- **알아낸 내용을 페르소나에 반영한다:**

  대부분의 제품팀은 일련의 페르소나*를 사용하는데, 이는 일반적으로 지표, 숫자, 많은 양의 진술이 포함된 지루한 문서이다. 인터뷰에서 알아낸 내용이 페르소나 문서들을 인간적으로 만드는 데 도움이 될 수 있다. 페르소나 문서에 고객 인터뷰 영상을 링크하여 생동감을 불어 넣어라.

- **다른 사람들에게 알아낸 사실을 보여 준다:**

  팀 회의나 스프린트를 시작할 때 고객과의 대화에서 알아낸 내용이 담긴 영상을 보여 준다. 이렇게 하면 팀은 인간적 관점에 가까이 다가갈 수 있게 되고, 전략과 접근 방식에도 힘을 실어준다.

---

* **페르소나:** 제품 혹은 서비스를 사용할 만한 목표 집단 안에 있는 다양한 사용자 유형들을 대표하는 가상의 고객 프로필을 말한다.

데이터의 함정

바람직한 접근법: 고객이 기존 솔루션으로
문제를 다루는 모습을 관찰하기

목표: 기존의 솔루션에서 효과적인 부분과 그렇지 않은 부분, 혁신 또는 차별화할 기회가 있는 부분을 파악한다.

1단계: 기존의 솔루션으로 문제를 해결하고 있다고 답한 고객에게 그 방법을 보여 달라고 요청한다.

이러한 사람은 인터뷰 중에 찾게 될 수도 있고, 직접 모집할 수도 있다. 다음은 이러한 유형의 사용자 테스트를 관리하는 몇 가지 팁이다.

- **솔루션으로 곧장 뛰어든다:**

   이미 문제 영역을 살펴보고 문제 지점을 파악했으므로 여기에 더 많은 시간을 할애할 필요는 없다. 잠깐 다시 살펴볼 수는 있지만, 이 단계의 목표는 고객이 기존의 솔루션을 사용하는 모습을 관찰하는 것이다.

- **평소처럼 솔루션을 사용하게 한다:**

   '장보기 목록에 셀러리 추가하기'나 '다음 달에 개봉하는 영화 중 가까운 극장에서 볼 수 있는 영화 찾기'와 같은 시나리오를 주고, 어떻게 하는지 보여 달라고 요청할 수 있다.

- **뛰어다닐 준비를 한다:**

   두 개 이상의 웹 사이트나 앱 또는 제품과 관련된 '꼼수' 같은 솔루선을 찾을 때 해당하는 말이다. 예를 들어, 한 가족의 일정 관리를 하는 데 서로 다른 여러 개의 달력과 공유 문서, 육아 앱이 사용되는 경우가 있다. 주목할 가치가 있지만, 추적할 것이 많으므로 선택과 집중을 통해 생각을 정리해야 한다.

2단계: 흥미로운 영역을 파고든다.

고객이 기존의 솔루션을 사용하는 모습을 지켜보다가 알아보고 싶은 흥미로운 사항이 생길 수 있다. 깊이 탐구해 볼 가치가 있는 영역은 다음과 같다.

- **고객이 솔루션을 선택한 방법은?**

  고객에게 어떻게 솔루션을 선택하게 되었는지 먼저 질문해도 되고, 고객이 현재 어려운 부분을 어떻게 관리하고 있는지 보여 주고 난 뒤에 질문해도 된다. 어찌 됐든 특정 솔루션을 어떻게 알고, 평가하고, 참여를 결정했는지 아는 것은 유용하다. 고객이 정확히 기억하지 못하거나 떠올리지 못할 수도 있지만, 불완전한 세부 사항이라도 흥미로운 정보가 될 수 있다. 이러한 정보는 고객이 의사 결정 과정에서 무엇을 가치 있게 여기는지 이해하는 데 도움이 된다.

- **가장 가치 있는 것은?**

  고객이 문제 해결을 위해 특정 접근 방식을 채택한 데에는 이유가 있다. 고객이 제시하는 솔루션에서 무엇을 중요하게 생각하는지 알아내라.

데이터의 함정

- **격차gap가 존재하는 부분은?**

  현재 고객이 사용하는 솔루션이 진정으로 고객의 요구를 충족하는지 조사하라. 고객의 현재 솔루션은 차선책일 가능성이 크다. 이 정보는 기회를 찾는 데 도움이 된다.

3단계: 조치하고 알아낸 사실을 공유한다.

기존 솔루션에서 잘 작동하는 부분과 그렇지 않은 부분을 파악하고, 기회를 얻는 데 필요한 단계와 알아낸 사실을 공유하는 방법이다.

- **기존 솔루션에 대한 정서를 공유한다:**

  자신의 니즈를 충족하기 위해 현재 사용자가 무엇을 하고 있는지 공유하고 동시에 그 활동과 관련된 정서도 공유해야 한다. 사용자가 기존의 솔루션에 만족한다면 팀원들도 이 사실을 알아야 한다. 반대의 경우도 마찬가지다.

- **기존 경험의 개요를 보여 준다:**

  문서로 작성해도 되고 슬라이드이나 프로토타이핑 툴을 사용해도 되지만, 목표는 경험을 보여 줌으로써(특히 여러 솔루션이 관여되어 있는 경우) 현재 고객이 직면하고 있는 여정(예상되는 어려움)을 팀이 파악하게 하는 것이다. 다시 말하지만, 이는 기회를 찾는 데 도움이 된다.

- **다른 사람들에게 알아낸 사실을 보여 준다:**

  경쟁사 솔루션을 사용하는 고객의 모습을 녹화한 영상은 사람들의 관심을 끌 수밖에 없다. 이때는 말로 하기보다 보여 줘야 한다.

바람직한 접근법: 고객과 함께
문제 진술*problem statement 검증하기

목표: 문제 해결 단계로 넘어가기 전에 문제를 제대로 이해했는지 확인한다.

1단계: 고객에게 문제 진술을 읽고, 평가해 달라고 요청한다.

이는 해결할 문제를 파악하고 깊이 이해했는지 판단하기에 좋은 방법이다.

- **간단하게 작성한다:**

  문제 진술을 논문처럼 작성할 필요는 없다. '집을 아늑하고 스타일리시하게 꾸미고 싶은데, 변화를 줄 시간이나 전문 지식이 없다'와 같이 자신이 전하고 싶은 문제를 간단하게 설명한다.

- **여러 개의 문제 진술을 제시한다:**

  어떤 문제 진술이 가장 공감을 불러일으키는지 알고 싶다면, 여러 개의 문제 진술을 제시하라.

2단계: 고객들이 문제 진술을 검토하는 모습을 관찰하고, 고객의 평가에 경청한다.

---

* **문제 진술:** 해결해야 할 사용자의 요구 사항에 대한 명확한 설명을 의미한다. 문제 진술은 집중해야 할 사용자 문제를 정렬하여 모두에게 명확한 목표를 제공한다.

고객들이 검토하고 반응하는 동안 자문해 본다.

- 고객이 공감하는가? 즉시 동의하는가? 아니면 혼란스러워하는가?
- 고개를 끄덕이는 등의 본능적인 반응을 보이는가?
- 고객이 추가적인 세부 사항을 말하거나 더 자세히 설명하려 하는가?

3단계: 고객에게 직접 의견을 물어본다.

고객의 즉각적인 반응을 보고 의견을 들었다면 깊이 탐구하고 싶어
질 것이다. 이에 대한 몇 가지 아이디어를 제공한다.

- **초기 반응을 살핀다:**

  고객이 처음 문제 진술을 보고 이에 동의했는가? 아니면 혼란스러
  워했는가? 첫인상이 어땠는지 물어본다.
- **누락되었거나 고객이 이해하지 못한 부분을 파악한다:**

  문제 진술을 대략 이해하지만, 일부 사항에는 동의하지 않거나 정
  보를 추가하고 싶어 할 수 있다. 이는 모두 좋은 피드백이다.
- **다른 문제들과 비교해 본다:**

  두 개 이상의 문제 진술에 대해 피드백을 요청하는 경우 우선순위
  를 정하고, 한 문제가 다른 문제보다 우선순위가 높다고 생각하는
  이유를 설명해 달라고 요청하라.

4단계: 알아낸 사실을 공유하고 조치한다.

이 단계에서는 본격적으로 문제 해결에 들어가기 전에 팀이 문제를

진정으로 이해하고 있는지 확인하기 위해 문제 진술에 대한 고객의 반응을 측정한다. 이후 실행할 수 있는 단계는 다음과 같다.

- **단절을 해소한다:**
  고객들이 문제 진술에 공감하지 못한다면 다시 원점으로 돌아가야 한다. 실망스럽겠지만, 잘못된 문제를 해결하는 것은 엄청난 시간과 비용을 낭비하는 일이다. 문제를 다시 정확히 파악하고 방향을 전환하는 것이 낫다.
- **수정하고, 수정하고, 또 수정한다:**
  거의 완성된 문제 진술에 추가할 사항이나 변경할 사항이 존재할 수 있다. 이 경우 솔루션을 찾는 단계로 넘어가기 전에 수정해야 하고, 업데이트한 문제 진술은 반드시 검증한다.
- **검증 결과나 부정적인 반응은 팀과 공유한다:**
  피드백은 고객에게 직접 받는 것이 가장 좋다. 사용자 테스트의 하이라이트 영상을 테스트에 참석하지 못한 팀원들과 공유하라.

올바른 솔루션 구축하기

왜 중요한가?

고객에게 서비스를 제공하고, 뛰어난 경험을 창출하며, 경쟁업체들 사이에서 돋보이기 위해서는 올바른 솔루션을 시장에 내놓아야 한다.

제품 개발팀은 신제품 대부분이 실패하며, 시장에 출시된 제품 중 약 80%가 비용만 초래하고 빠르게 사라진다는 사실을 잘 알고 있다. 이유는 다양하다. 오랫동안 고객의 사랑을 받아 온 다른 제품에 밀렸거나, 미적으로는 훌륭하나 사용하기 어려워 고객이 포기했을 수도 있다. 아니면 우수한 제품이지만, 마케팅이나 시장 진출 전략 실패로 목표 고객의 구매를 유도하지 못했을 수도 있다.

프로덕트 매니저는 촉박한 마감일을 앞두고 비즈니스의 우선순위, 고객의 니즈, 기술적 과제 사이에서 균형을 잡아야 한다. 그렇지 않으면 압박감으로 인해 접근 방식이나 콘셉트가 올바른지 철저히 검증해 보지 못하고 특정 방향으로 돌진하게 될 수 있다.

절대 실패하지 않는 제품을 만들 수는 없지만, 제품을 만들기 전에 솔루션과 가치 제안value proposition을 검증하는 것은 확실히 도움이 된다. 이 단계에서 여러 콘셉트를 검토하고 인사이트를 수집해 성공 가능성은 높이고 실패 가능성은 낮출 수 있다.

그렇다면 어떻게 해야 할까? 이 단계에서 인사이트를 수집하면 여러 솔루션을 철저하게 탐색한 뒤 가장 좋은 솔루션을 결정할 수 있다.

이 단계에서는 인사이트를 얻기 위해 코드 한 줄도 작성할 필요가 없다. 사람들에게 간략한 개요나 가치 제안, 대략적인 콘셉트를 보여 주면 된다. 심지어 경쟁업체가 이미 수행한 작업을 보여 주고 '어떻게 생각하는지' 물어봐도 된다.

결론

실제 개발 단계로 넘어가기 전에 사람들에게 아이디어를 보여 주고, 반응을 관찰하고, 의견을 수렴하라.

사용자를 잘 안다고 하더라도 사용자와 함께 콘셉트를 테스트하는 것은 여전히 중요하다. 프로젝트에 가까운 사람일수록 객관적이기 어렵다. 고객을 프로세스의 중심에 두기 위해 실제 고객이나 잠재 고객의 신선한 시각과 관점은 필수적이다.

사례 연구: 노트르담 IDEA 센터

노트르담의 IDEA 센터는 대학 내 최고의 비즈니스 아이디어가 시장에 진출할 수 있도록 지원한다. 혁신Innovation, 위험 제거De-risking, 기업 지원Enterprise Acceleration의 약자인 IDEA 센터는 교수진, 학생, 지역 사회, 동문 기업가들과 협력하여 상업적으로 실행할 수 있는 초기 단계의 제품 아이디어와 혁신을 연구한다.

하지만 성장 초기 단계에 있는 회사가 시장성을 테스트하는 콘셉트는 매우 기술적이거나 틈새시장을 노린 콘셉트일 수 있다. 비타민으로 만든 향신료, 가정용 유방암 진단 솔루션, 의류 브랜드 등 어떤 제품을 개발하든 IDEA 센터의 스타트업은 엄격한 시장 평가를 거친다.

데이터의 함정

각 팀은 자신들의 아이디어나 혁신 또는 스타트업을 성장시키면서 센터의 위험 제거 책임자Director of De-Risking인 벤 호건Ben Hoggan과 협력한다. 또한 네 가지 질문에 답하기 위해 인터뷰와 사용자 테스트를 한다.

1. 가능성이 있는 제품 또는 서비스 아이디어인가?
2. 해결하려는 문제는 무엇인가?
3. 구매를 원하는 사람이 있는가? 누구인가?
4. 잠재 고객이 제품이나 서비스를 좋아할까?

잠재 고객의 시각을 갖추자 IDEA 센터가 내놓는 솔루션의 품질이 급격히 상승했다. IDEA 센터의 팀들은 부정적이든 긍정적이든 비즈니스 콘셉트에 대한 모든 고객의 의견을 배우고 공유하면서 좋아 보이는 아이디어를 밀어붙이지 않고 적합한 솔루션을 개발했다.

팀들은 프로세스 초기에 고객의 관점을 반영하여 고객의 범위를 넓히고 제품의 영향력을 높였다. 2019년을 기준으로 IDEA 센터가 2년 동안 창업한 기업의 수는 두 배로 늘어났다. 64개 기업이 660만 달러의 투자를 유치하고 1,090만 달러의 매출을 올렸는데, 이는 2018년 대비 584% 증가한 수치였다.

솔루션을 올바르게 구체화하기

왜 중요한가?

이전 단계에서 사용자 테스트를 건너뛴 기업들도 테스트를 수행하는 단계다. 앞서 말했듯이, 거의 완성되었거나 출시 준비가 완료된 제품을 사용자 테스트하여 사람들이 솔루션을 좋아하지 않거나 사용하기를 원하지 않는다는 결과가 나오면 원점으로 돌아가야 한다. 고통스럽고 비용도 많이 드는 결정이다. 따라서 조기에 자주 수행해야 하는 작업이다. 이 단계에서 얻는 피드백은 대대적인 수정이나 재설정이 아닌 미세 조정으로 이어져야 한다.

사람들에게 초기 디자인이나 프로토타입을 사용해 달라고 요청해 그 과정을 관찰하는 것은 고객과 직접 소통하고, 효과가 있는 것과 없는 것을 확인하고, 가시적이면서 실행 가능한 피드백을 얻을 수 있는 가장 강력한 방법이 될 수 있다. 종종 고객이 어떤 것을 어떻게 사용할지 가정을 세우기도 하지만, 경험을 탐색하는 고객의 모습을 관찰하지 않으면 제품이 실제로 어떻게 작동하는지, 고객의 기대와 요구를 충족하는지, 제품을 어떻게 개선하거나 최적화할 수 있는지 알 수 없다.

바람직한 접근법: 잠재 고객과 함께
여러 콘셉트나 아이디어 검토하기

목표: 시장에 출시할 적합한 솔루션을 선택한다.

1단계: 두 가지 이상의 콘셉트나 아이디어를 잠재 고객에게 제시하고, 평가해 달라고 요청한 뒤 반응을 살핀다.

고객의 의견을 듣고 싶은 아이디어를 결정했다면, 아이디어를 고객 앞에 제시하고 물어보면 된다. 이때 다음 사항을 명심해야 한다.

- **무엇이든 피드백을 받을 수 있다:**
  사소한 기능, 새로운 제품 콘셉트, 화이트보드에 스케치한 내용, 완성도 높은 단계의 제품 등 어느 것이든 테스트 대상이 될 수 있다.
- **마음에 들지 않는 아이디어라고 고객의 의견을 듣기 전에 섣불리 걸러내지 않는다:**
  그러면 솔루션의 범위가 너무 일찍 좁혀질 위험이 있다. 고객을 당신과 동일시하지 말라는 말을 명심하라.
- **고객에게 선택지를 제시하는 순서를 고려한다:**
  모든 사람이 가장 먼저 본 1번을 선택하는 상황이 벌어지는 것을 막기 위해 순서를 섞는 것이 좋다.

2단계: 고객이 선택지를 살펴보는 모습을 관찰하고, 관찰한 내용을 설명할 때 경청한다.

고객이 검토하고 반응하는 동안 다음 질문을 떠올린다.

- 고객이 콘셉트나 아이디어를 바라볼 때 어떤 표정이나 몸짓을 보였는가?
- 처음에 어떤 것에 끌려 하는가?
- '강자'인 제품을 선택했다면, 그것은 확신에 찬 선택이었는가? 아니면 고객이 선택하기 전에 망설였는가? 두 가지 콘셉트를 결합하고 싶어 하지는 않았는가?
- 고객은 어떤 것이 '최고의 솔루션'이고, 어떤 것이 '실패작'이라고 생각하는가? 왜 그렇게 생각하는가?
- 고객이 선택한 '최고의 솔루션'이 정말 최적화된 솔루션인가? 바꾸거나 개선할 부분은 없는가?

3단계: 고객에게 직접 의견을 물어본다.

피드백을 검토하고 공유했다면 이제 깊이 파고들 차례이다. 다음 영역을 살펴볼 수 있다.

- **핵심 문제를 해결할 수 있는 콘셉트를 알아본다:**
  해당 문제로 고통받고 있다고 확신하는 사람들에게 제안한 제품이 실제로 도움이 되는지 의견을 구한다. 도움이 되지 않는다면 방향을 전환할 준비를 해야 한다.

- **각 콘셉트가 제공하는 가치를 정한다:**

  고객에게 콘셉트나 아이디어의 가치를 설명해 달라고 요청한다. 고객에게 무엇이 중요한지, 고객이 해당 제품으로 해결할 수 있다고 생각하는 문제는 무엇인지 등 많은 것을 알아낼 수 있다.

- **고객이 특정 콘셉트를 선호하는 이유를 알아본다:**

  고객이 선호하는 선택지와 그 이유에 대한 설명을 들으면, 고객의 선택뿐만 아니라 상황 정보까지 알아낼 수 있다.

- **특정 콘셉트를 선택하지 않는 이유를 알아본다:**

  고객이 선호하지 않는 콘셉트를 알면, 버려야 하는 것과 피해야 하는 것을 이해하는 데 도움이 된다.

- **선호하는 콘셉트에서 개선할 수 있는 부분을 알아본다:**

  자신이 좋아하는 콘셉트나 선호하는 것을 개선할 만한 아이디어가 있는 고객이 있을 수 있다. 고객의 관점을 수집하라.

- **제안된 콘셉트의 사용 성향을 파악한다:**

  이 방법은 까다로울 수 있고 전적으로 신뢰할 방법은 아니지만, 탐구해 볼 가치가 있다. 사용 성향을 파악하는 데에는 평가에 대한 설명을 요구하는 척도 질문이 효과적이다.

- **가장 유용하거나 중요한 기능을 찾는다:**

  큰 콘셉트에 대한 피드백을 받고 있다면, 고객에게 가장 중요하게 생각하는 기능을 물어볼 수 있다. 고객에게 원하는 기능 중 우선순위가 높은 기능, 중간 기능, 낮은 기능으로 분류해 달라고 요청한다.

4단계: 알아낸 사실을 공유하고 조치한다.

고객에게 몇 가지 옵션을 비교해 달라고 요청하면 팀이 나아가야 할 방향을 정하는 데 도움이 된다. 알아낸 사실을 바탕으로 수행할 수 있는 작업은 다음과 같다.

- **결정을 내린다:**

  일반적으로 사람들이 선호하는 콘셉트나 아이디어의 트렌드, 테마를 빠르게 파악할 수 있을 것이고, 그러면 팀이 확신을 가지고 결정을 내릴 수 있게 된다. 사용자 테스트에서 찾은 트렌드가 선호도를 파악하는 설문조사 등의 정량적 데이터와 일치하는 경우 특히 그렇다.

- **반복한다:**

  종종 고객들은 개선 사항을 적용한 버전을 선호한다. 팀은 고객의 피드백을 반영하고 다시 테스트한 후 다음 단계로 넘어가려 할 것이다.

- **원점으로 다시 돌아간다:**

  당신이 제시하는 콘셉트에서 고객이 가치를 느끼지 못할 수도 있다. 그래도 괜찮다. 실패할 제품을 출시하는 것보다 지금 알게 되는 것이 낫다. 이러한 피드백은 조기에 파악하여 해결할 수 있으므로 오히려 다행이다.

- **고객의 선호도를 내부 관계자들과 공유한다:**

  제품 콘셉트에 대한 의견이 다양할 수 있으므로 명확한 고객의 관점을 제시하고, 내부 이해관계자의 피드백을 동반하면 나아갈 방향성에 대해 모두가 확신을 가질 수 있다.

사례 연구: 어린이 의료 시스템

미국 최대 어린이 의료 시스템은 잠재 환자를 유치하고, 기존 환자에게 정보를 제공하는 데 중요한 정보의 허브인 웹 사이트와 앱을 업데이트하려 했다. 이 대규모 프로젝트를 진행하고 있던 팀은 웹 사이트의 템플릿을 하나하나 재구축하려 했다. 모든 웹 페이지에 적용할 수 있는 최적화된 디자인을 만들면, 디지털 경험 전반의 일관성을 유지하면서 규모에 맞춰 빠르게 변경할 수 있었다.

팀은 웹 사이트 내에 있는 각 부서의 페이지와 프로그램 페이지에 사용된 템플릿에 대해 피드백을 요청하여 효과가 있는 것과 없는 것, 사람들에게 반응이 좋은 것과 변경할 것을 파악했다.

그렇게 얻은 인사이트를 바탕으로 새로운 디자인을 반영한 와이어 프레임을 만들었다. 그런 다음 와이어 프레임에 대해 피드백을 요청했다. 최종 템플릿 디자인이 완성되자 팀은 두 개의 부서 페이지에 업데이트된 디자인을 적용하고 파일럿을 실행했다.

한 달 후, 한 부서의 예약 요청은 27.2%, 다른 부서의 예약 요청은 39.8%나 증가하는 놀라운 변화가 일어났다. 전년 대비 각각 58.5%와 56.8% 오른 수치였다.

바람직한 접근법: 초기 디자인과 프로토타입에 대해 사용자 테스트 시행하기

목표: 특히 KPI(핵심성과지표)에 영향을 미치는 플로우-flow와 경험 측면에서 제품의 사용 편의성을 확보한다.

1단계: 사용자에게 솔루션의 핵심이 되는 활동을 수행할 때 드는 생각을 소리 내어 설명해 달라고 요청한다.

어디서부터 어떻게 시작해야 할지 고민이 된다면 다음 조언을 참고하라.

- **폭넓게 시작한다:**
  시작부터 경험의 특정 부분에 치우치지 말라. 그 부분이 실제로 피드백이 필요한 유일한 부분이 아니라면 말이다. 사용자에게 제품의 세부 정보나 연락처 정보를 찾는 등의 특정 활동을 수행해 달라고 요청하기 전에 사용자가 스스로 제품을 탐색할 수 있도록 놔둔다.
- **사용자를 돕지 않는다:**
  정말 어려운 일이다. 사용자에게 모든 것을 보여 주고 설명해 주고 싶겠지만, 수백, 수천, 수백만 명의 사람들이 당신이 만든 경험을 사용할 때는 도움을 줄 수 없다는 점을 명심하라. 개선에 유용한 편향 없는 피드백을 수집하려면 가만히 지켜봐야 한다.

• 말하지 않는다:

대화하지 말라. 물론 활동을 시도해 보라고 요청하고 지침도 제공해야 하지만, 사용자가 제품을 경험하는 동안에는 대화를 나누면 안 된다. 대화는 사용자의 주의를 분산시켜 필요한 정보를 얻는 것을 어렵게 만든다. '알겠습니다'라고 응수하거나 '고개를 끄덕이는' 등의 간단한 행동으로 당신이 그곳에 있고 주의를 기울이고 있다는 사실을 사용자에게 전달할 수 있다. 그 이상의 행동은 사용자의 주의를 산만하게 할 뿐이다. 세션이 끝나고 사용자와 대화할 수 있는 시간은 얼마든지 있다.

2단계: 사용자가 테스트를 진행하는 과정을 관찰하고, 사용자가 관찰한 내용과 제품과의 상호작용에 대해 설명할 때 경청한다.

프로토타입에 대해 사용자 테스트를 시행하는 동안에는 많은 일이 빠른 속도로 진행된다. 사용자를 관찰하고 경청하면서 다음 질문을 생각하라.

- 완수해야 하는 활동이 주어졌을 때 무엇을, 어디서부터 시작해야 하는지 금방 알아차리는가? 아니면 주저하는가?
- 제품을 경험할 때 쉽게 다음 단계로 넘어가는가?
- 걸림돌은 어디에 있는가?
- 중요한 정보를 찾고 이해할 수 있는가?
- 양식이나 필드를 문제없이 작성할 수 있는가?
- 각 단계를 완료하는 데 시간이 얼마나 걸리는가? 전체 프로세스를

완료하는 데는 얼마나 걸리는가?
- 프로세스를 진행하면서 발생한 어려움이나 실수는 무엇인가?

3단계: 경험에 대해 물어본다.

프로토타입으로 다양한 활동을 시도한 사용자에게 하고 싶은 질문이 생길 것이다. 고려할 만한 질문은 다음과 같다.

- **잘 작동했던 것:**

  이 질문은 현재 잘 작동하는 것과 향후 반복 작업에서 유지할 것을 이해하는 데 도움이 된다.

- **혼란스러웠던 점:**

  이는 사용자가 인지한 어려움과 문제점, 다음 작업에서 중점적으로 개선해야 할 사항을 파악하는 데 도움이 된다.

- **제품을 사용하면서 느낀 점:**

  다양한 활동을 잘 해냈을 수도 있지만, 경험이 지루했거나 기대에 미치지 못했다면 이 부분을 명확히 파악해야 한다.

- **주어진 활동을 올바르게 수행했다고 확신하는지:**

  사용자는 주어진 활동을 모두 완료했다고 확신하는데, 실제로는 대부분의 활동이 완료되지 않은 상태라면 이는 해결해야 할 부분이다.

- **개선할 수 있는 부분:**

  고객이 자신의 니즈와 개선점을 항상 인지하고 있는 것은 아니지만, 이에 대한 고객의 관점을 수집하는 것은 도움이 된다. 물어보

데이터의 함정

는 것만으로도 좋은 아이디어를 얻을 수 있다.

4단계: 알아낸 사실을 공유하고 조치한다.

초기 디자인이나 프로토타입에 대해 사용자 테스트를 하고 나면 엄청나게 많은 메모와 아이디어가 생기게 된다. 알아낸 사실에 대해 조치하는 것이 중요하다. 분석 마비(생각이 많아서 행동하지 못하게 되는 현상)에 빠지지 않도록 주의하라. 사용자 테스트 후의 일반적인 단계는 다음과 같다.

- **우선순위가 높은 문제를 파악한다:**
  일반적으로 모든 사람이 공통적으로 경험한 문제는 발생하기 마련이다. 예를 들면, 모든 사람이 가격을 혼란스러워하거나 회원가입에 대한 세부 정보를 찾지 못했을 수도 있다. 눈에 띄는 문제나 KPI와 연관된 문제를 파악하고 팀이 모여 함께 해결한다. 문제를 개선하고 사용자 테스트를 다시 시행한다.
- **즉시 해결할 수 없는 문제는 기록해 둔다:**
  모든 문제가 다음 작업이나 전반적인 개선이 이루어지기 전에 해결될 수 있는 것은 아니다. 즉시 해결하지 못하는 문제들은 기록해 두었다가 다시 살펴보고 나중에 해결하자. 이러한 문제들은 접근 방식을 바꾸면서 사라질 가능성이 크지만, 만일을 대비해 기록해 둔다.
- **다음 피드백을 계획한다:**
  파악한 문제에 대한 개선 사항을 다음 사용자 테스트 계획에 포함한다. 완벽한 경험은 없다. 개선한 프로토타입을 다시 테스트하거나 이에 대한 피드백을 받을 수도 있고, 중요한 탐색 문제를 해결하기 위해 카드 소팅card sorting을 시행할 수도 있다. (카드 소팅에 대한 자세한 내용은 아래 자료를 참조하라.)

- **좋은 점과 나쁜 점 등 사용자 테스트에서 알아낸 모든 사실과 영상을 공유한다.**

사용자 테스트에서 관찰하고, 듣고, 파악한 내용을 공유해야 한다. 모두가 함께 점심을 먹으면서 테스트 세션을 시청할 수도 있고, 창의력을 발휘해 편집한 '하이라이트'와 '로우라이트' 영상을 보면서 잘 작동하는 부분과 다음에 집중해야 할 부분을 의논할 수 있다.

카드 소팅

카드 소팅은 고객의 의견에 따라 정보를 효과적으로 그룹화하고, 레이블을 지정하고, 설명하는 데 유용하다. 이 전략은 디지털 경험을 탐색하거나 콘텐츠 구성을 디자인(또는 재디자인)할 때 가장 일반적으로 사용된다. 인포메이션 아키텍처IA, Information Architecture, 즉 콘텐츠 카테고리의 그룹화와 해당 카테고리의 계층 구조를 설명하기 위해 사용하는 레이블을 디자인하는 데 유용하기 때문이다.

카드 소팅을 하려면 각 콘셉트나 항목을 나타내는 디지털 카드나 물리적 카드 세트를 만들어야 한다. 그런 다음 카드를 사용자가 이해하기 쉬운 방식으로 그룹화하거나 분류한다. 최상의 결과를 얻기 위해 개방형, 폐쇄형 또는 하이브리드 카드 소팅 중에서 어떤 방식을 실행할지 결정

데이터의 함정

해야 한다. 찾으려는 것에 따라 접근 방식을 달리할 수 있다.

개방형 카드 소팅

개방형 카드 소팅에서는 참가자가 적합한 카테고리로 카드를 분류하고, 각 카테고리에 직접 레이블을 지정한다. 이러한 접근 방식은 사용자에게 자신이 적합하다고 생각하는 방식으로 정보를 그룹화하고 분류할 권한을 부여한다. 카드를 분류한 후에는 각 그룹에 이름을 지정해야 하므로 고객의 사고 프로세스에 대한 인사이트를 확보할 수 있다. 웹 사이트를 어떻게 디자인하고 분류할지 잘 모르겠다면 개방형 카드 소팅이 도움이 될 수 있다. 개방형 카드 소팅을 통해 사용자가 그룹화할 필요가 있고, 관련성이 있다고 생각하는 항목에 대한 피드백을 받을 수 있다. 이러한 그룹화를 통해 사용자의 관심사와 니즈에 부합하는 웹 사이트를 만들 수 있다.

폐쇄형 카드 소팅

폐쇄형 카드 소팅에서는 참가자가 지정된 카테고리에 따라 카드를 분류한다. 레이블이 이미 지정되었거나 설정되어 있을 때 유용한 접근 방식이다. 이 시나리오에서는 사용자가 이미 존재하는 사이트맵에 맞게 카드를 구성해야 한다. 궁극적인 목적은 기존 카테고리가 논리적으로 보이는지 확인하는 것이다. 사이트에 새로운 콘텐츠를 추가하거나 기존 콘텐츠를 재구성할 때도 유용한 방법이다.

하이브리드 카드 소팅

하이브리드 카드 소팅에서는 참가자가 지정한 카테고리에 따라 카드를 분류하지만, 원하면 자신만의 카테고리를 만들 수도 있다. 이 기법은 팀에서 이미 설정한 카테고리가 있지만, 고객의 의견도 듣고 싶을 때 사용한다.

인사이트에 기반한 제품을 출시해야 한다

고객을 이해하는 것은 고객이 원하는 것을 제공하고, 고객이 불편해하거나 어려워하는 부분을 최소화할 수 있는 핵심적인 요소이다. 물리적 제품이든 디지털 경험이든 제품 개발 프로세스 전반에 걸쳐 사용자 테스트를 시행하면, 고객의 기대치를 충족시키거나 초과 달성할 확률이 높아진다. 이를 통해 각 단계에서 고객이 원하는 솔루션과 경험을 구축할 수 있게 된다. 요점은 고객의 피드백을 북극성 같은 지침으로 삼아 제품 경험을 만들 때 투입하는 모든 작업, 시간, 차원을 고객이 원하는 것에 일치시키는 것이다.

8장

마케팅

고객의 머릿속으로 들어가라

　제품 디자인을 담당하는 동료가 새로운 제품을 출시하거나 기존 제품을 최적화하고 있고, 당신은 옆에서 가격 책정 방법, 메시지와 브랜드의 업데이트 또는 개선 방안, 대상 고객에게 도달하는 방법, 수요, 브랜드 인지도, 판매 및 지속적인 충성을 유도하기 위한 활동을 고민하고 있다.

　진정성을 가지고 고객과 효과적으로 소통하려면 고객과 대화하고, 고객을 관찰하고, 고객의 선호도를 생각하며 제품을 만들고, 지속해서 공감 능력과 이해력을 키워야 한다. 고객이 브랜드를 구매하기 전까지 평균적으로 7번의 상호작용이 필요하다는 오래된 격언이 사실이라면,

어떻게 해야 잠재 고객이 실망하지 않는 마케팅 활동을 펼칠 수 있을까?

고객 경험은 제품을 구매하고 사용하는 것을 넘어 고객이 브랜드 또는 회사와 상호작용할 때 느끼는 인상과 감정까지 포함하는 개념이다. 8장에서는 고객 여정의 여섯 가지 주요 순간 중 세 가지를 통해 어떻게 마케팅 메시지와 시각 자료, 전략에 인사이트를 반영하는지 설명한다.

1. 문제를 인식하고 문제 해결에 관심 갖기

2. 솔루션을 조사하고 비교하기

3. 문제 해결을 위한 회사나 솔루션 선택하기

| 참고 자료 8.1 인사이트를 마케팅에 반영하기 |

이러한 프로세스는 분 단위나 주 단위가 될 수도 있고, 경우에 따라 수개월에서 수년이 걸릴 수도 있다. 개인 고객이 당신과 상호작용할 때마다 당신과 회사에 대한 전반적인 경험이 쌓인다는 점을 유의하라.

'문제'를 인식하고 '문제 해결'에 관심 갖기

고객이 당신과 상호작용하는 도중이나 상호작용하기 전에 거치는 첫 번째 단계는 삶에서 무언가가 어긋나고, 그것이 고칠 가치가 있음을 깨닫는 것이다. 이러한 과정은 유기적으로 일어나기도 하고, 빠르게 진행되기도 한다. 대부분의 마케터들이 알고 있듯이, 메시지에 고객이 불편을 느끼는 지점 및 니즈를 묘사하고, 고객들의 경험을 반영하고, 목표 고객층의 공감을 불러일으킴으로써 고객이 이 단계에 도달하게 할 수 있다.

솔루션 조사하고 비교하기

고객이 문제 해결책을 찾고, 다양한 제품을 알아보고, 따지기 시작하는 단계이다. 제품이나 서비스를 어필하지 못하고 다른 제품과 차별화하지 못하면 고객을 잃게 된다. 제품의 이름, 가격, 제품의 가치를 설명하는 방법, 제품에 대한 사소한 정보 등 모든 포지셔닝 전략과 시장 진출 전략이 여기에 해당한다.

문제 해결을 위한 회사나 솔루션 선택하기

짧은 혹은 긴 시간 동안 잠재적인 해결책을 탐색한 고객이 마침내 문제를 해결하거나 니즈를 충족하기 위해 자신의 시간, 관심, 돈을 투자할 대상을 결정한다. 이러한 선택은 올바른 솔루션을 찾으려는 의욕적인 고객이 주도할 수도 있고, 고객이 어떤 방해 요소로 인해 결정을 미루고 있을 때 적재적소에 나타난 기업에 의해 촉발될 수도 있다. 고객이 검색할 때 혹은 인스타그램 피드나 이메일을 통해 제품을 홍보할 때 언제, 어디서, 어떻게 제품을 노출해야 하는지 알아내려면 인사이트가 필요하다.

인지도 구축과 고객 확보를 위한 인사이트

앞서 살펴본 초기 인지도와 '사전 고객' 경험의 세 가지 중요 단계에서 고객의 관점을 파악할 때 마케팅팀은 일반적으로 주요 의사 결정에 활용할 인사이트를 도출하기 위해 다각적인 접근 방식을 사용한다. 인사이트를 도출하기 위해 사용자 테스트에서 집중하는 부분은 다음과 같다.

- 문제와 고객 이해하기
- 가치 제안, 메시지, 포지셔닝, 클릭 유도 문구 검토하기
- 크리에이티브 콘텐츠와 캠페인에 대한 반응 수집하기
- (거의 모든 것에 대한) 비교 검사comparison testing 수행하기
- 커뮤니케이션과 관련된 주요 전환 지점comversion point 최적화하기

집중할 부분의 중요성과 사례 연구를 살펴보고, 권장되는 사용자 테스트 접근 방식을 알아보자.

문제와 고객을 깊이 이해한다

왜 중요한가?

마케터는 오늘날 기업의 성공에 핵심적인 역할을 한다. 마케터는 브랜드 평판 개선, 고객 충성도 제고, 수요 창출, 매출 증대 등 다양한 비즈니스 과제를 수행한다. 기업들이 끊임없이 진화하는 고객의 니즈에 부응하려 노력하기 시작하면서 마케터의 책임 범위 또한 확대되고 있다.

사용자 테스트 결과와 인사이트를 심층적으로 분석할 시간이 부족한 마케터는 시대의 흐름에 맞지 않는 캠페인, 호응을 얻지 못하는 광고, 잠재 고객에게 전달되지 않는 메시지를 만들 가능성이 있다. 사용자 테스트를 수행하여 고객의 니즈, 불만, 관점을 심층적으로 이해한 마케터는 고객의 마음을 사로잡는 메시지를 만들고, 고객의 공감을 불러일으키는 포지셔닝을 한다. 또한 고객이 사용하는 채널을 사용하여 메시지와 제품을 홍보하며, 잠재 고객을 고객으로 빠르게 전환시키는 매력적인 방식으로 마케팅 전략을 수행할 확률이 훨씬 높다. 이는 아무리 강조해도 지나치지 않은 사실이다.

사례 연구: 토마스 쿡 그룹Thomas Cook Group

토마스 쿡 그룹은 약 200년간 유럽 전역에서 휴가 여행 상품과 예약으로 신뢰를 받아 온 유명 여행사다. 2019년 9월 토마스 쿡 그룹의 강제 청산은 여행 업계 전체에 큰 충격을 안겨 줬고, 그룹의 재기는 불가능할 것이라는 시각이 팽배했다.

수 주 뒤, 의욕적인 전직 동료들로 구성된 소규모 그룹이 사업 계획을 수립하고 중국의 주요 레저 그룹으로부터 투자를 확보한 후, 토마스 쿡 그룹의 오랜 명성에 맞는 디지털 서비스를 개발하기 시작했다. 이 계획이 실행되는 동안 코로나19가 전 세계를 휩쓸었지만, 결단력 있는 경영진은 코로나19의 피해가 완화되면 토마스 쿡이 다시 신뢰받는 이름이 될 것이라고 확신했다. 2020년 9월, 마침내 새로운 토마스 쿡 웹사이트가 신규 고객과 기존 고객 앞에 공개되었다.

토마스 쿡의 최고 디지털 및 마케팅 책임자인 조 미곰Jo Migom은 웹사이트를 공개하는 데 인사이트가 큰 도움이 되었다고 말했다. 회사가 청산한 직후 조 미곰의 팀은 회사에 대한 고객 정서가 압도적으로 긍정적이라는 사실을 파악했다. 많은 사람이 토마스 쿡과 함께 멋진 휴가를 상상하고 예약했던 좋은 추억이 있어 브랜드에 대한 향수와 정서적 유대감을 가지고 있었다.

그녀는 "고객 정서를 계속 모니터링하는 것은 필수였습니다. 브랜드가 영향을 받았으니까요. 절대적으로 인정하는 부분입니다. 하지만 고객들과 이야기를 나누면서 브랜드에 대한 엄청난 열정을 느꼈고, 더 이상 이 브랜드를 사용할 수 없게 된 데 큰 슬픔을 느끼고 있다는 것을 알아냈습니다. 이것이 회사를 되살리는 데 동기를 부여하는 핵심 원동력이었습니다."라고 말했다.

프레임워크가 완성된 후, 그녀의 팀은 토마스 쿡의 웹 사이트라는 사실을 알리지 않은 채로 사용자 테스트를 진행했다. 자신들이 토마스 쿡의 웹 사이트를 검토한 것이라는 소식을 들은 사람들은 마침내 신뢰할 수 있는 브랜드를 통해 다시 휴가를 계획할 수 있다는 사실에 기뻐했다. 실제로 테스트를 담당한 팀은 고객들의 반응을 경영진과 공유했고, 진솔하고 감동적인 고객들의 반응 덕분에 디지털 경험 출시에 대한 높은 지지를 얻을 수 있었다. 조는 경영진이 고객의 감정을 직접 확인하는 힘에 대해 "고객의 생각을 아는 것을 넘어 고객의 생각과 마음을 사로잡는 것입니다"라고 설명했다.

이제 토마스 쿡은 완전한 디지털 브랜드로서 다양한 곳에서 고객의 의견을 계속 수집하여 고객에 대한 총체적인 관점을 구축한다. 빅데이터와 인사이트를 통해 고객의 니즈를 끊임없이 쫓고, 고객의 제안을 반영한다. 예약 전, 예약 후, 여행 후의 고객 만족도를 측정하고, 관련 정보는 모든 팀원의 목표에 반영된다. 고객을 꾸준히 친밀하게 이해하려는 토마스 쿡의 노력은 큰 성과를 거두고 있다. 미곰은 고객 만족도가 이전보다 4배 향상되었고, 토마스 쿡의 웹 사이트는 글로벌 리뷰 사이트인 트러스트파일럿Trustpilot에서 동종 업계 최고로 평가받고 있다고 전했다.

바람직한 접근법: 고객과 문제 공간과 기존 솔루션에 대해 인터뷰 하기

목표: 잠재 고객을 파악하여 그들의 언어로 말하고, 그들이 원하는 니즈에 맞춰 제품을 포지셔닝하며 진정한 관계를 구축한다.

1단계: 목표 고객과 대화하고, 그들이 말하는 문제와 니즈에 경청한다.

고객과의 대화는 개방적이어야 하며, 이에 대한 조언은 다음과 같다.

- **폭넓게 시작한다:**

  대화의 범위를 좁히거나 바로 특정 문제를 질문하지 말라. 대지에 되도록 오래 머물러라. 예를 들어, 고객이 자동차 구매자라면, 새 차 구매를 고려할 때 무엇을 하는지 물어본다. 처음부터 자동차 금융과 같은 특정 활동에 관해 물어서는 안 된다. 그렇게 하면 고객의 핵심 니즈와 문제 영역을 파악하지 못하고, 포지셔닝과 시장 진출 전략 수립에 필요한 중요한 상황 정보를 잃게 된다.

- **무엇이 잘 작동하고 어디에 기회가 있는지 찾는다:**

  고객의 삶의 특정 영역에서 어떤 기복이 존재하는지 알아본다. 바쁜 부모들의 경우 가족과 더 많은 추억을 쌓고 싶지만, 많은 시간이 소요되는 식사 준비와 요리가 힘들 수 있다. 메시지와 포지셔닝을 개발할 때 이러한 점을 참고할 수 있다.

- **고객이 현재 자신의 문제를 어떻게 해결하고 있는지 알아본다:**

  문제를 해결하기 위해 솔루션을 사용하고 있다면, 비록 차선책일

지라도 해당 솔루션에서 잘 작동하는 부분과 자사의 솔루션과는 어떤 차이가 있는지 파악하라. 이렇게 하면 차별화되면서 두드러진 메시지를 만들 수 있다.

2단계: 흥미로운 영역을 파고든다.

고객의 문제 공간과 현재의 해결 방법에 대해 대화하다 보면 자세히 알아보고 싶은 흥미로운 영역이 생길 것이다. 깊이 탐구해 볼 가치가 있는 영역은 다음과 같다.

- **의사 결정 과정에 관여하는 다른 사람들:**
  중요한 결정을 내릴 때 다른 누군가가 관여하는가? 관여하는 사람이 파트너나 배우자인가? 다른 학부모인가? B2B 환경에서 고객이 최종 사용자라면, 그는 상사를 설득해야 하는가? 의사 결정에 관련된 모든 사람을 파악하면 모든 이해관계자와 그들의 니즈를 식별하고 이해하는 데 도움이 되며, 각 관계자에게 가장 효과적으로 메시지를 전달하는 방법도 찾을 수 있다.
- **경쟁 제품에 대한 세부 정보:**
  현재 솔루션의 일부가 경쟁 제품이라면, 경쟁 제품은 어떻게 소비자를 만족시키고 있는가? 무엇이 효과적인가? 기회는 어디에 있는가? 이러한 정보를 어떻게 마케팅 전략에 반영할 수 있을까?
- **문제에 대한 강한 감정:**
  자녀와의 문제, 인간관계, 경력개발, 기타 인생의 사건들은 종종 큰 감정과 연관되어 있다. 고객의 사고방식을 깊이 이해하면 고객에게 공감할 수 있고, 진정성 있는 메시지와 포지셔닝을 구축하는 데 유용하다.

- **문제의 심각성**:
  문제의 심각성을 이해하면, 고객이 문제 공간을 어떻게 인식하는 지에 대한 인사이트를 얻을 수 있을 뿐만 아니라 최상의 기회도 찾을 수 있다. 고객과 대화하면서 파악한 다양한 문제에 점수를 매기거나 우선순위를 정해 달라고 요청하라.

3단계: 알아낸 사실을 공유하고 조치한다.

잠재 고객과 대화하고 인터뷰하면서 많은 인사이트를 얻을 수 있다. 그중에는 즉시 실행할 수 있는 것도 있고, 그렇지 않은 것도 있다. 잠재 고객을 파악하여 그들의 언어로 말하고, 그들이 원하는 니즈에 맞게 제품을 포지셔닝하고, 진정한 관계를 구축한다는 목표를 되새기면 수집한 정보를 바탕으로 다음 작업을 수행할 수 있다.

- **페르소나, 고객 세분화, 이상적인 고객 프로필**ICP, Ideal Customer Profile **에 또 다른 차원을 더하라**:
  고객은 세분화 모델이나 ICP가 아니라 사람이라는 점을 기억하라. 공감 지도(참고 자료 8.2 확인)는 페르소나와 기타 고객 프로필 문서를 인간화하는 좋은 방법이다.
- **문제 공간과 관련하여 들었던 주제, 고객이 필요로 하는 것, 그와 관련된 감정을 포착하라**:
  알아낸 사실을 메시지, 포지셔닝, 기타 마케팅 관련 콘텐츠에 반영하라.

- **알아낸 사실을 다른 사람들과 공유하라:**

고객과의 대화를 통해 알게 된 주요 내용을 선별하고 영상을 만들어 팀 회의나 새로운 캠페인을 시작하는 자리에서 공유할 수 있다. 이는 팀이 인간적 관점에 가까워질 수 있게 해 주고, 전략과 접근 방식에도 힘을 실어준다.

공감 지도 Empathy Maps

공감 지도는 고객에 대해 자세히 알아보기 위해 팀이 함께 사용할 수 있는 협업툴이다. 페르소나와 마찬가지로 종종 고객 세그먼트와 같은 사용자 그룹을 나타낸다. 사용자에 대한 지식을 외부화하므로 의사 결정을 위해 공통된 이해를 구축하려는 팀에게 유용하다.

| 참고 자료 8.2 공감 지도 |

공감 지도를 만들려면 팀원들에게 강력한 이해를 구축하고 싶은 대상 고객이나 세그먼트에 대한 인사이트를 공유해 달라고 요청하라. 회의실 앞쪽에 있는 큰 종이나 (디지털) 화이트보드에 공감 지도 템플릿을 그린다. 각 팀원에게 (디지털) 스티커 메모지와 펜을 주고, 고객에 대해 알고 있는 정보를 적어 달라고 요청한다. 사용자 테스트를 통해 구축된 정보라면 가장 이상적이다.

각 팀원은 메모를 지도에 붙인다. 그다음 자신의 논리를 설명하고 다른 팀원들에게 질문하거나 답변한다. 이 과정에서 발생하는 논의는 고객에게 생명을 불어넣고 고객의 니즈와 생각, 감정에 대한 심도 있는 인사이트를 준다.

공감 지도는 고객을 데이터가 아닌 인간으로서 이해하는 데 참조할 수 있는 리소스다.

바람직한 접근법: 사람들이 솔루션을 검색하는 모습을 관찰하며 문제를 어떻게 생각하고 있는지 이해하기

목표: 검색 엔진 최적화SEO, Search Engine Optimization와 유료 검색을 포함하는 콘텐츠 및 마케팅 전략의 효율성을 높인다.

1단계: 잠재 고객에게 해결하고자 하는 '문제'를 제시하고, 원하는 검색 엔진에서 잠재적인 솔루션을 찾아 달라고 요청한다.

잠재 고객이 검색 엔진을 사용하여 솔루션을 찾는 방법을 이해하면 사용하기 적합한 언어를 찾는 데 도움이 된다. 이때 명심해야 할 사항이 있다.

- **문제를 제시할 때는 가능한 한 보편적인 언어를 사용한다:**
  사용자의 검색 방식이나 검색 용어에 영향을 줄 만한 언어는 사용
  하지 말라.
- **고객이 선호하는 검색 엔진을 사용하게 한다:**
  이렇게 하면 사용자가 편안함을 느껴 가장 확실한 인사이트를 얻
  을 수 있다.

2단계: 사용자가 검색어를 구성하는 과정을 관찰하고, 사용자가 관찰한 내용과 상호작용에 대해 설명할 때 경청한다.

사용자를 관찰하면서 다음 질문을 고려하라.

- 즉시 타이핑을 시작하는가? 아니면 검색을 시작하기 전에 숙고하
  는가?
- 입 밖으로 소리 내어 말하는 단어와 입력하는 단어가 다른가?
- 무엇을 찾을지 결정할 때 혼란스러워하거나 답답해하는가?
- 검색 결과는 관련성이 있는 결과인가? 필요했던 정보를 바로 찾아
  내는가?
- 어떤 검색 결과에 관심을 보이고, 어떤 순서로 검색 결과를 살펴
  보는가?
- 어떤 경쟁 제품에 관심을 보이고, 해당 제품에 관심을 보이는 이
  유는 무엇인가?

- 제품을 알리거나 차별화할 기회는 어디에 있는가?

3단계: 사용자의 경험과 의견을 물어본다.

이때가 바로 흥미로운 순간에 깊이 파고들 기회다. 자세히 살펴볼 만한 영역은 다음과 같다.

- **검색할 때 사용한 단어:**
  "자금 관리 솔루션을 검색할 때 '예산 앱'이라는 단어를 사용하셨네요. 이 단어를 선택한 이유를 자세히 설명해 주실 수 있나요?"와 같은 간단한 질문을 통해 동기와 사고 과정을 파악할 수 있다.
- **검색 결과와의 상호작용:**
  특정 결과를 클릭한 이유는 무엇인가? 무엇이 매력적이었는가? 다른 검색 결과를 건너뛴 이유는 무엇인가?
- **검색 결과에 대한 만족도:**
  필요한 정보를 찾았는가? 관련 정보를 찾는 데 얼마나 어려웠는가? 기대에 부합하는 결과를 얻었는가?

4단계: 알아낸 사실을 공유하고 행동한다.

항상 그렇듯이 파악하고 알아낸 내용에 대해 조치하라. 할 수 있는 행동은 다음과 같다.

- **검색어, 쿼리^{query}, 경쟁 정보를 바탕으로 마케팅 전략과 시장 진출 전략을 수립한다:**

사람들이 사용하는 검색어는 제품의 이름부터 가치 제안, 가격 책정에 이르는 모든 것에 영향을 미칠 수 있다.

- **잠재 고객이 사용하는 단어와 구문을 포함하도록 SEO 전략을 반복적으로 수정한다:**
제목이나 페이지 제목과 같은 특정 요소에 검색 키워드를 넣으면 검색 결과 상단에 노출될 수 있다.

- **사용자들이 일반적으로 사용한 검색 키워드와 쿼리를 유료 검색 광고에 사용하고 있는 단어 또는 구문과 비교하여 필요에 따라 조정한다:**
수익을 창출할 가능성이 큰 키워드에 투자할 수 있다.

- **알아낸 사실을 공유한다:**
10명의 잠재 고객이 제품으로 해결할 수 있는 문제를 연이어 검색하는 모습을 떠올려 보라. 분석 보고서를 살펴보는 것도 좋지만, 이렇게 하면 잠재 고객에게 진정으로 필요한 것이 무엇인지 풍부하게 이해할 수 있다. 사람들이 문제에 대한 솔루션을 찾는 과정을 보고 수집한 인사이트는 콘텐츠 전략, 마케팅 메시지, 포지셔닝, 시장 진출 전략, SEO, 유료 검색 전략에 대한 결정을 내리는 팀과 공유해야 한다.

가치 제안, 메시지, 포지셔닝 전략, 클릭 유도 문구 검토하기
왜 중요한가?
태그 라인, 광고 문구, 스크립트, 회사 또는 제품을 설명하는 데 사용하는 거의 모든 문구는 시끄러운 시장에서 사람들이 당신의 회사나 제품을 찾고, 즉각적인 가치를 확인할 수 있는지에 영향을 미친다. 기업의 사명을 표현하고, 제품을 설명하고, 기업에 관해 이야기하는 방식은 회사 외부 사람들이 회사와 제품에 대해 생각하고 이야기하는 방식과 반드시 일치해야 한다. 그렇지 않으면 고객에게 다가갈 수도, 고객의 마음을 사로잡을 수도 없다.

모든 광고 문구에 대해 피드백을 받을 수 있는 시간과 비용이 충분한 마케팅팀은 찾아보기 힘들며, 그저 메시지가 고객에게 잘 전달되기만을 바라는 경우가 많다. 어둠 속에서 사진 촬영을 하기보다는 결과물을 만들기 전에 고차원의 메시지와 포지셔닝에 대해 사용자 테스트를 수행할 것을 권장한다. 사용자 테스트를 통해 흥미로운 고객 반응을 포착할 수 있고, 이를 조직 내에서 공유하여 결정의 근거를 설명하고, 사람들을 교육하고, 분쟁을 해결하는 데 활용할 수 있다.

회사가 전 세계에 진출해 있거나 다른 지역의 새로운 시장에 진출하려는 경우 단어 선택은 더욱 중요하다. 댈러스에서 특정한 의미를 지닌 단어나 문구가 프라하에서는 완전히 다른 의미일 수 있다. 같은 국가와 문화권 내에서도 일부 구어나 단어의 의미가 다를 수 있다. 어휘는 문화적 요소이며, 대부분의 지역은 다양한 문화가 혼재되어 있으므로 광고 카피와 헤드라인을 공개하기 전 사용자 테스트를 하면 오해의 소지를 사전에 방지할 수 있다.

사례 연구: 미디어 및 엔터테인먼트 회사

미국에 본사를 둔 한 미디어 및 엔터테인먼트 회사는 새로운 기능의 출시를 앞두고 이름을 무엇으로 정할지 고민했다. 브랜드에 어울리는 이름을 원하는 팀도 있었고, 쉽게 알아볼 수 있는 이름을 원하는 팀도 있었다. 회사는 고객에게 가장 적합한 이름이 무엇인지 파악하기 위해 자사의 채널 구독자들에게 두 가지 옵션을 제시하고 반응을 물었다.

구독자들은 브랜드에 어울리는 이름이 '귀엽다'라고 생각했지만, 이 이름이 무엇을 의미하고, 왜 자신들과 관련이 있는지는 이해하지 못했다. 반면 쉽게 알아볼 수 있는 이름은 빠르고 쉽게 이해했다. 팀은 쉽게 알아볼 수 있는 용어를 새 기능의 이름으로 채택했다. 인사이트를 통해 내부 논쟁을 해결했을 뿐만 아니라 더 나은 고객 경험을 창출할 수 있었다.

바람직한 접근법: 가치 제안, 메시지, 포지셔닝, 콘텐츠 또는 카피에 대한 반응 수집하기

목표: 카피와 콘텐츠가 사람들의 관심을 끌고, 공감을 불러일으키며, 참여를 유도하는지 확인한다.

1단계: 잠재 고객에게 콘텐츠 또는 카피를 소리 내어 읽고, 평가해 달라고 요청한다.

콘텐츠, 카피, 메시지는 어디에나 있다. 당신이 하는 모든 일의 일부다. 다음은 고객의 관점을 포착할 수 있는 몇 가지 아이디어다.

- **태그라인 또는 슬로건:**
  단어에 대한 피드백을 원한다면 고객에게 형식이나 디자인이 적용되지 않은 텍스트를 제시하는 것이 좋다. 고객의 주의를 산만하게 할 만한 브랜드 정보를 제시하지 말고, 단어에 대한 피드백만 받아라.
- **제품 또는 서비스의 이름:**
  이름 또는 브랜드명을 변경하거나 처음부터 새로 짓는 경우, 제품이나 서비스의 이름을 대중에게 공개하기 전에 잠재 고객에게 먼저 공개하라.
- **제품 또는 서비스에 대한 설명:**
  간과하기 쉬운 서비스나 제품 설명에 대한 사소한 세부 사항이 판매 또는 고객 참여의 성패를 좌우할 수 있다. 잠재 고객에게 이러한 내용을 공개하여 부족한 부분이나 궁금증을 해결하라.
- **클릭 유도 문구:**
  선택한 언어가 설득력이 있는지, 위압적인지, 지루한지, 아니면 고객이 사용하는 다른 언어가 있는지 알아보라.
- **이메일:**
  이메일 메시지에는 발신자 정보, 제목, 이메일 카피, 클릭 유도 문구 등 고객의 의견을 반영할 수 있는 콘텐츠 관련 요소가 매우 많다.

- **소셜 미디어:**

  너무 짧거나 간결해 고객의 피드백을 받을 수 없는 게시물은 없다. 논란의 여지가 있거나 분열을 일으킬 만한 게시물은 더욱 피드백을 받아야 한다.

2단계: 고객이 검토하는 모습을 관찰하고, 고객이 자신의 반응에 대해 이야기할 때 경청한다.

고객이 검토하고 반응하는 동안 자문한다.

- 고객이 제품을 마음에 들어 하는가? 가치 제안이나 메시지를 빠르게 이해하는가?
- 제품이 공감을 불러일으키는가? 의미 있거나 가치 있다고 생각하는가?
- 특히 좋거나 싫은 점을 가리키는가?
- 버벅거리는 단어는 없는가?
- 카피가 전달하는 어휘, 내포한 의미 또는 콘셉트를 혼란스러워하지는 않는가?

3단계: 직접 의견을 물어본다.

고객이 공유한 내용 중 탐구하고 싶은 부분이 있을 수 있고, 풍부한 관점을 얻기 위해 일반적인 질문을 해 볼 수도 있다. 탐구할 만한 영역은 다음과 같다.

- **초기 반응:**

  고객이 제품을 처음 볼 때 미소를 짓는가? 혼란스러워 보이는가?
  첫인상을 말해 달라고 요청하라.

- **메시지 또는 콘텐츠에 대한 고객의 설명:**

  이해도와 명확성을 측정하는 가장 좋은 방법은 고객에게 콘셉트
  나 아이디어를 자신의 언어로 설명하게 하는 것이다. 이 단계에서
  요청하라.

- **관심을 *끄*는 요소:**

  당장은 아니더라도 고객의 눈에 띄었던 것은 무엇인가? 이 질문은
  사람들이 콘텐츠의 어느 부분에 끌려 하는지 이해하는 데 도움이
  된다.

- **누락되었거나 이해가 되지 않는 부분:**

  항상 개선할 부분이 있다고 가정하는 것은 현명하다. 메시지에서
  일관성이 없거나 빠진 부분이 있는지 피드백을 요청하라.

4단계: 알아낸 사실을 공유하고 조치한다.

메시지, 가치 제안, 기타 콘텐츠 관련 구성 요소에 대한 피드백을 수
집한 후에는 재작업, 조정, 반복, 최적화를 수행할 수 있다. 다음은 태
그라인, 제품의 이름, 제품 설명, 클릭 유도 문구, 이메일 캠페인 또는
기타 콘텐츠 관련 요소에 대해 수행할 수 있는 작업이다.

- **단절을 해결한다:**

  카피에 대한 많은 피드백을 통해 점진적인 변화를 끌어낼 수도 있

지만, 개편이 필요할 수도 있다. 메시지에서 사람들이 공감하지 못하거나 이해하기 어려워하는 부분을 찾아 다시 시작하는 것을 고려하라.

- **수정하고, 수정하고, 또 수정한다:**

  잘못된 문구나 클릭 유도 문구는 고객을 멀어지게 할 수 있다. 고객 관점을 계속 수집하면서 콘텐츠와 메시지를 항상 수정해야 한다.

- **피드백을 콘텐츠 및 메시지 전략에 반영한다:**

  팀에서는 콘텐츠, 카피와 관련된 단어 선택, 어조, 스타일의 모범 사례를 문서화하는 경우가 많다. 피드백을 수집한 뒤에는 이러한 가이드라인을 업데이트할 수 있다.

- **피드백을 다른 사람들과 공유하고 향후 전략에 반영한다:**

  끊임없이 피드백을 수집하면서 접근 방식을 개선하는 방법을 배우게 될 것이다. 이러한 피드백을 통해 그 관점을 배울 수 있는 다른 사람들과 공유하는 것을 잊지 말자.

크리에이티브 콘텐츠와 캠페인(패키징, 광고 등)에 대한 반응 수집하기

왜 중요한가?

흥미를 유발하고 수요를 창출하는 매력적인 크리에이티브 콘텐츠와 캠페인을 시작하는 것도 마케팅팀의 업무이다. 이는 랜딩 페이지, 인쇄 광고, 광고판, 오디오 광고, TV 및 OTT 광고, 소셜 미디어 캠페인, 이메일 캠페인 등의 형태로 이루어질 수 있다. 인사이트를 수집하면 잠재 고객을 혼란스럽게 하거나 소외시키는 것을 방지하고, 잠재 고객의 마음을 사로잡는 광고와 캠페인을 만들 수 있다.

잘못된 크리에이티브 콘텐츠가 패키지 디자인에 끼치는 잠재적 영향력을 가늠해 보고 싶다면 다음 사례를 생각해 보자. 트로피카나 Tropicana는 2009년에 3,500만 달러를 투자해 오렌지 주스 패키지를 변경했다. 새 패키지를 출시한 지 두 달 만에 매출은 20% 감소했고, 시장 점유율은 크게 떨어졌다. 패키지 재디자인 실패로 5,000만 달러 이상의 비용이 발생했다. 출시하기 전에 고객과 함께 이 패키지 디자인을 검토했다면 어땠을까? 아마 이렇게 값비싼 실수는 방지할 수 있었을 것이다.

수개월에 걸쳐 제작한 캠페인에 많은 개선이 필요하다는 솔직한 피드백을 받는 것은 힘든 일이지만, 고객의 의견에 경청하는 것은 그만한 가치가 있다. 고객은 자신이 어떤 방식으로 전달받고 싶은지, 무엇이 공감을 불러일으키고 무엇이 짜증을 유발하는지 알고 있으며, 자신과 같은 수천 명의 사람에게 광고와 광고판을 어필할 수 있는 관점을 제공하는 경우가 꽤 많다.

사례 연구: 유저테스팅

유저테스팅도 이 작업을 직접 수행했다. 소비자들이 구매한 제품을 뜻밖의 방식으로 사용한다는 콘셉트로 일련의 광고를 기획했는데, 여기에는 샤워실에서 블루투스 스피커를 사용하는 장면도 포함되었다. 충격적인 장면은 없었지만, 노출이 시청자에게 불편함을 주는지 알고 싶었다. 광고가 공감을 불러일으키고 메시지를 전달하는 동시에 타깃 시청자를 만족시키고 브랜드의 매력을 높이는 적절한 콘셉트였는지 확인하기 위해 피드백을 수집했다.

사용자 테스트를 통해 얻은 인사이트는 콘셉트부터 스크립트까지 모든 것을 결정하는 데 도움이 되었다. 광고에 대한 사람들의 반응이 담긴 피드백은 광고 대행사에 동영상의 형태로 빠르게 제공되어 적시에 방향을 제시할 수 있었다. 피드백을 반영하여 새롭게 제작한 광고가 나가자 브랜드에 대한 신뢰도가 높아졌고, 5개월 동안 웹 사이트 방문자가 1만 명 증가했으며, 클릭 광고 유입률이 6배나 높아졌다(평균 0.05%에서 0.31%로 증가).

바람직한 접근법: 크리에이티브 콘텐츠와 캠페인에 대해 솔직한 반응 수집하기

목표: 크리에이티브 콘텐츠와 캠페인이 고객의 관심을 끌고, 재방문을 유도하며, 참여를 유도하는지 확인한다.

1단계: 잠재 고객에게 크리에이티브 콘텐츠나 캠페인을 평가해 달라고 요청한다.

다음은 고객의 관점을 얻을 수 있는 아이디어다.

- **랜딩 페이지:**

  목업mock-up이나 라이브 페이지를 보여 주고 피드백과 반응을 수

  집한다.

- **인쇄 광고:**

  미완성 버전으로도 본능적인 반응은 볼 수 있다.

- **로고:**

  로고는 강력한 힘을 발휘한다. 로고가 공감을 불러일으킬 수 있는

  지 테스트해 보라.

- **동영상 콘텐츠:**

  온라인용 광고이든 텔레비전용 광고이든, 공개적으로 방영하기

  전에 초기 반응을 파악하라.

- **브랜드 비주얼:**

  로고 글꼴, 웹 디자인, 인쇄물이나 디지털 광고, 색 배합 등 무엇이

  든 브랜드 비주얼이 될 수 있다.

- **캠페인:**

  다양한 디바이스와 채널(소셜, 이메일 등)에서 캠페인 목업을 보여

  주고 반응을 측정한다.

- **무드보드mood board:**

  룩앤필look and feel의 초기 콘셉트에 대한 피드백을 바탕으로 어떤

  창의적인 방향을 추구할지 결정한다.

2단계: 아이템, 이미지 또는 동영상을 살펴보는 고객을 관찰하고 고객
이 자신의 관찰 내용을 설명할 때 경청한다.

데이터의 함정

고객이 검토하고 반응하는 동안 자문한다.

- 고객의 초기 반응은 어떤가?
- 고객이 공감하는가? 의미 있거나 가치 있다고 생각하는가?
- 특히 좋거나 싫은 점을 가리키는가?
- 자신이 본 것에 대해 혼란스러워하는가?

3단계: 직접 의견을 물어본다.

고객이 공유한 내용 중 탐구하고 싶은 부분이 있을 수도 있고, 풍부한 관점을 얻기 위해 일반적인 질문을 해 볼 수도 있다. 해 볼 만한 질문은 다음과 같다.

- **초기 반응:**

  고객이 제품을 처음 봤을 때 미소를 지었는가? 혼란스러워했는가? 첫인상에 대해 말해 달라고 요청하라.
- **메시지 또는 콘텐츠에 대한 고객의 설명:**

  이해도와 명확성을 측정하는 가장 좋은 방법은 고객에게 콘셉트나 아이디어를 자신의 언어로 설명하게 하는 것이다. 이 단계에서 요청하라.
- **관심을 끄는 요소:**

  당장은 아니더라도 고객의 눈에 띄었던 것은 무엇인가? 이 질문은 사람들이 콘텐츠의 어느 부분에 끌리는지 이해하는 데 유용하다.

- **누락되었거나 이해가 되지 않는 부분:**

  항상 개선할 부분이 있다고 가정하는 것은 현명하다. 메시지에서 일관성이 없거나 빠진 부분이 있는지 피드백을 요청하라.

- **콘텐츠를 보며 느끼는 감정:**

  이 질문은 우리가 좋아하는 질문 중 하나이다. 크리에이티브 콘텐츠나 캠페인이 어떤 느낌을 주는지 세 단어로 표현해 달라고 요청하라.

4단계: 알아낸 사실을 공유하고 행동한다.

시각 자료나 콘텐츠에 대한 피드백을 수집한 뒤에는 재작업, 조정, 반복, 최적화를 수행할 수 있다. 다음은 로고, 랜딩 페이지, 광고판, 캠페인에 대한 피드백을 받은 뒤에 수행할 수 있는 작업이다.

- **단절을 해결한다:**

  디자인과 시각 자료에 대한 피드백을 통해 점진적인 변화를 끌어낼 수도 있지만, 개편이 필요할 수도 있다. 사람들이 공감하지 못하거나 이해하기 어려워하는 부분을 찾아서 다시 시작하라.

- **수정하고, 수정하고, 또 수정한다:**

  잘못된 이미지나 콘텐츠는 고객을 멀어지게 만들 수 있다. 고객의 관점을 계속 수집하면서 시각 자료와 디자인 전략을 항상 수정해야 한다.

- **피드백을 시각 디자인 전략에 반영한다:**

  팀에서는 디자인, 이미지, 글꼴, 로고, 브랜드 비주얼과 관련된 그래픽에 관한 모범 사례를 문서화하는 경우가 많다. 피드백을 수집한 뒤 이러한 가이드라인을 수정할 수 있다.

- **피드백을 다른 사람들과 공유하고 향후 전략에 반영한다:**
끊임없이 피드백을 수집하면서 접근 방식을 개선하는 방법을 배우게 될 것이다. 이러한 피드백을 통해 그 관점을 배울 수 있는 다른 사람들과 피드백을 공유하는 것을 잊지 말자.

자사의 옵션이나 경쟁사의 옵션 등 모든 것에 비교 검사 수행하기
왜 중요한가?

회사 내부에도 아이디어를 꾸준히 제공하는 창의적이고 독창적인 팀원이 있지만, 외부 의견을 구하지 않으면 서비스를 최적화할 수 없다. 아이디어나 콘셉트를 검토할 때 고객의 관점을 반영하여 올바른 방향으로 나아갈 수 있도록 하라.

자신의 제품과 경쟁사의 제품을 비교해 보면 어떤 부분에서 차이가 나는지, 어떤 부분이 경쟁사보다 앞서 있고 경쟁사보다 부족한지 확인할 수 있다. 또한 경쟁사의 제품, 서비스, 웹 사이트, 광고, 기타 비즈니스적인 측면에 대해 사용자 테스트를 수행하여 고객의 의견을 측정하는 것만으로도 시장 내 위치를 파악할 수 있고, 개선할 부분에 대한 아이디어를 얻을 수 있다. 잠재적인 솔루션을 비교해 경쟁 제품을 탐색하면서 얻는 교훈은 기존 제품을 개선하고, 최고의 성능을 갖춘 새로운 옵션을 시장에 출시하는 데 매우 유용하다.

사례 연구: 케어링브릿지 CaringBridge

건강을 회복하기 위해 노력하는 가족과 친구들을 응원하고, 사랑하는 사람들과 소통할 수 있도록 돕는 글로벌 비영리 소셜 네트워크인 케어링브릿지는 대대적인 광고 캠페인을 펼치려고 했다. 케어링브릿지는 사람들의 공감을 불러일으키는 캠페인을 만들기 위해 다양한 캠페인 접근 방식과 메시지에 사용자 테스트를 시행했고, 수집한 피드백으로 포지셔닝을 더욱 구체화했다.

캠페인을 공식적으로 출시하기 전에 다양한 옵션을 검토한 케어링브릿지는 최종 결과물이 사용자들의 공감을 불러일으킬 것이라고 확신했다. 최종 광고가 출시되기 전에 광고의 감정적 영향력을 테스트하고, 메시지를 반복적으로 수정한 케어링브릿지는 캠페인을 성공적으로 마칠 수 있었다.

바람직한 접근법: 잠재 고객과 함께
다양한 콘셉트 검토하기

목표: 공감을 불러일으키고 가장 좋은 성과를 낼 수 있는 접근 방식으로 시장에 진출한다.

1단계: 두 가지 이상의 콘셉트, 디자인, 가치 제안 등을 잠재 고객에게 제시하고 평가해 달라고 요청한다.

피드백을 받고 싶은 항목을 결정했다면, 고객에게 옵션을 제시하고 관점을 물어보면 된다. 이때 명심해야 할 사항이 있다.

- **무엇이든 피드백을 받을 수 있다:**
  목업, 대략적인 스토리보드, 스케치 몇 장만으로도 의미 있는 인사이트를 얻을 수 있다.
- **고객의 의견을 듣기 전에는 마음에 들지 않는 아이디어라도 섣불리 걸러내지 않는다:**
  그렇게 하면 범위가 너무 일찍 좁혀질 위험이 있다. 고객을 당신과 동일시하지 말라는 말을 명심하라.
- **고객에게 선택지를 제시하는 순서를 고려한다:**
  모든 사람이 가장 먼저 본 1번을 선택하는 상황을 피하려면 순서를 섞는 것이 좋다.

2단계: 고객이 마케팅 자산을 살펴보는 모습을 관찰하고, 관찰한 내용을 설명할 때 경청한다.
고객이 검토하고 반응하는 동안 다음 질문을 떠올린다.

- 고객이 콘셉트나 아이디어를 바라볼 때 어떤 표정이나 몸짓을 보였는가?
- 처음에 어떤 것에 끌렸는가?
- '강자'인 제품을 선택했다면, 그것은 분명한 선택이었는가? 아니면 선택하기 전에 고객이 망설였는가? 두 가지 콘셉트를 결합하고 싶어 하지는 않았는가?

- 고객은 어떤 것이 '최고의 솔루션'이고, 어떤 것이 '실패작'이라고 생각하는가? 왜 그렇게 생각하는가?
- 고객이 선택한 '최고의 솔루션'이 정말 최적화된 솔루션인가? 바꾸거나 개선할 수 있는 부분은 없는가?

3단계: 고객에게 직접 의견을 물어본다.

피드백을 검토하고 공유했다면 이제 좀 더 깊이 파고들 차례이다. 다음 영역을 살펴볼 수 있다.

- **어떤 콘셉트가 고객에게 진정으로 와닿았는지 알아본다:**
  올바른 솔루션을 제시하고 있지만, 솔루션을 제시하는 방식이 공감을 얻지 못하고 있을 수도 있다.
- **각 아이디어가 전달하고자 하는 메시지를 정한다:**
  고객에게 메시지나 콘텐츠를 자신의 언어로 설명해 달라고 요청하라. 콘텐츠를 고객이 어떻게 인식하고 해석하는지에 대해 많은 것을 배울 수 있다.
- **고객이 특정 콘셉트나 시각 자료를 선호하는 이유를 알아본다:**
  고객이 선호하는 것과 선호하는 이유를 알게 되면, 고객의 선택뿐만 아니라 많은 상황 정보까지 얻을 수 있다.
- **특정 콘셉트나 콘텐츠를 선택하지 않은 이유를 알아본다:**
  고객이 선호하지 않는 것을 알게 되면, 무엇을 버리고 무엇을 피해야 하는지 알 수 있다.

- **선호하는 콘셉트에서 개선할 부분을 알아본다:**

  자신이 좋아하는 콘셉트나 선호도를 개선할 만한 아이디어가 있는 고객이 있을 수 있다. 고객의 관점을 수집하라.

- **고객이 참여할 가능성을 측정하고 그 이유를 파악한다:**

  콘셉트나 아이디어가 고객의 행동을 유도할 수 있는지 측정하는 것은 까다롭고 항상 신뢰할 수 있는 것은 아니지만, 탐색해 볼 가치가 있는 방법이다. 여기에는 평가에 대한 설명을 함께 요구하는 척도 질문이 효과적일 수 있다.

4단계: 알아낸 사실을 공유하고 조치한다.

고객에게 옵션을 비교해 달라고 요청하면 팀이 나아갈 방향을 결정하는 데 도움이 된다. 알아낸 사실을 바탕으로 수행할 수 있는 작업은 다음과 같다.

- **결정을 내린다:**

  일반적으로 사람들이 선호하는 콘셉트나 아이디어의 트렌드와 테마를 빠르게 파악할 수 있을 것이고, 그러면 팀이 확신하는 결정을 내릴 수 있다. 사용자 테스트에서 찾은 트렌드와 선호도를 파악하는 설문조사 등의 정량적 데이터가 일치하는 경우 더욱 그렇다.

- **반복한다:**

  종종 고객들은 개선 사항을 적용한 버전을 선호하는 경우가 많다. 팀은 고객의 피드백을 반영하고 다시 테스트한 후, 다음 단계로 넘어가길 원할 것이다.

- **원점으로 돌아간다:**

  당신이 제시한 콘셉트나 콘텐츠를 본 고객이 예상한 반응을 보이지 않을 수도 있다. 그래도 괜찮다. 이러한 피드백은 조기에 받았으니 해결할 수 있다. 실패할 제품을 출시하는 것보다 지금 알게 되는 것이 낫다.

- **고객의 선호도를 내부 관계자들과 공유한다:**

  콘셉트에 관해서는 다양한 의견이 있을 수 있으므로 명확한 고객의 관점을 제시하고, 내부 이해관계자의 피드백을 동반하면 나아갈 방향에 대해 모두가 확신을 가질 수 있다.

바람직한 접근법: 경쟁 제품의 포지셔닝이나 콘텐츠 비교하기

목표: 경쟁사의 메시지, 포지셔닝, 브랜드와 차별화할 수 있는 방법을 찾는다.

1단계: 경쟁사의 캠페인과 포지셔닝, 가치 제안 등을 평가해 달라고 요청한 뒤 반응을 살핀다. 자사의 캠페인과 포지셔닝, 가치 제안 등도 똑같이 평가해 달라고 요청한다.

고객의 피드백을 받을 대상을 결정했다면, 고객에게 검토와 관점을 요청하면 된다. 명심할 사항은 다음과 같다.

- **공개된 것은 어느 것이든 피드백을 받을 수 있다:**
  경쟁사의 홈페이지, 랜딩 페이지, 앱에 대한 설명, 광고판 이미지 등 공개된 것은 어느 것이든 사용자 테스트 대상이 될 수 있다.
- **고객에게 선택지를 제시하는 순서를 고려한다:**
  모든 사람이 가장 먼저 본 1번을 선택하는 상황을 피하려면 순서를 섞는 것이 좋다.

2단계: 고객이 경쟁사 마케팅 자산을 살펴보는 모습을 관찰하고, 고객이 관찰한 내용을 설명할 때 경청한다.

고객이 검토하고 반응하는 동안 다음 질문을 고려해 본다.

- 경쟁사 마케팅 자산을 살펴볼 때 어떤 표정이나 몸짓을 보이는가? 자사의 마케팅 자산을 살펴볼 때는 어떠했는가?
- 어떤 차이를 발견했는가? 처음에 어떤 것에 끌렸는가?
- 어떤 것을 명확히 선호하고 망설이는가? 각각의 마케팅 자산에서 다른 것을 취하고 싶어 하는가?
- 고객은 어떤 것이 '최고의 솔루션'이고, 어떤 것이 '실패작'이라고 생각하는가? 왜 그렇게 생각하는가?
- 고객이 선택한 '최고의 솔루션'이 정말 최적화된 솔루션인가? 바꾸거나 개선할 수 있는 부분은 없는가?

3단계: 고객에게 직접 의견을 물어본다.

피드백을 검토하고 공유했다면 이제 좀 더 깊이 파고들 차례이다.

다음 영역을 더 살펴볼 수 있다.

- **선호하는 마케팅 자산과 그 자산을 선호하는 이유:**
  고객이 선호하는 자산과 그것을 선호하는 이유를 알게 되면, 고객의 선택뿐만 아니라 상황 정보까지 얻을 수 있다.
- **회사 또는 제품에 대한 인식:**
  놀랍게도 사람들은 회사나 제품에 대한 초기 노출, 때로는 적은 노출을 바탕으로 많은 가정을 한다. 고객에게 제품에 대한 첫인상이 어땠는지, 고객의 생각과 두 제품을 어떻게 비교했는지 말해달라고 요청하라.
- **선호하는 것 중 개선할 부분:**
  자신이 좋아하는 것을 개선할 만한 아이디어를 가진 고객이 있을 수 있다. 고객의 관점을 수집하라.

4단계: 알아낸 사실을 공유하고 조치한다.

경쟁 제품 테스트는 정보를 얻고, 차별화 전략을 개선하기 위해 수행된다. 다음은 경쟁사의 포지셔닝과 자사의 포지셔닝을 비교 평가할 수 있는 작업이다.

- **특정 제품이나 서비스 또는 기능에 대한 마케팅 집중도를 높이거나 낮춘다:**
  자사와 경쟁사 간에 존재하는 주요 차별화 요소를 찾고, 관련 마케팅 노력을 늘리거나 줄일 수 있다.

- **차별화 노력을 강화한다:**
  잠재 고객이 경쟁사와 자사를 인식하는 방식에서 주요 차이점을 발견할 수 있다. 긍정적 차별화 요소를 활용하고 부정적 요소를 줄일 기회를 발견할 수도 있다.

- **다른 팀, 특히 제품팀과 알아낸 사실을 공유한다**
  마케팅 콘셉트에 대한 피드백을 수집했다면, 그 결과로 얻은 인사이트는 제품 비전과 로드맵을 고민하는 제품팀에 유용하거나 관련성이 있다.

지속적인 커뮤니케이션과 관련이 있는 주요 전환점conversion point 최적화하기

왜 중요한가?

마케터에게 최악의 악몽은 사용자가 연락처 정보를 제공할 정도로 회사에 관심 있어 이메일이나 기타 정기적인 연락을 받기 위해 회원 가입을 하려는데 등록 프로세스가 제대로 진행되지 않는 상황이다. 다음 페이지에 나오는 가입 양식 때문에 고객을 잃을 수도 있다. 지시 사항이 혼란스럽거나 인터페이스에 결함이 있다면, 고객을 사로잡을 기회는 사라진다.

이는 메시지나 포지셔닝과는 관련이 없지만, 전반적인 성공에 기여하는 마케팅의 한 측면이다. 고객 여정에서 이해하기 쉬운 것은 모든 일을 좌우하는 부분이다. 이러한 핵심 전환점에서 쉽고 빠르게 이메일을 구독할 수 없거나 백서를 즉시 다운로드할 수 없다면, 사용자는 절대 전환하지 않을 것이다. 고객의 관심을 끄는 데는 성공했지만, 고객은 여전히 당신과 비즈니스를 할 것인지 고민하게 된다. 마찰 지점을 제거하여 고객이 더 빨리 '예'라고 답할 수 있게 하라.

많은 마케터가 A/B 테스트를 시행하지만, 이 섹션에서 논의하는 문제들은 최적화 테스트를 시작하기 전에 해결해야 한다. 실망스러운 클릭 몇 번으로 따뜻한 잠재 고객을 냉정하게 만들어 버리는 눈에 띄는 오류와 문제를 살펴본다.

사례 연구: 티 로우 프라이스T. Rowe Price

투자 관리 회사인 티 로우 프라이스와 함께 웹 사이트 방문과 관련된 까다로운 문제를 해결한 경험이 있다. 티 로우 프라이스는 온라인 신청 절차를 재디자인하여 간소화했지만, 개선된 온라인 신청 절차를 적용하자 계좌 개설 절차를 시작한 사람 중 37%가 첫 페이지에서 이탈했다.

깔끔하고 결함 없는 첫 페이지를 만들기 위해 프로토타입 테스트를 여러 차례 시행했던 팀원들은 당황할 수밖에 없었다. 사람들이 임의로 정보를 입력하기를 꺼린다는 사실을 알고 있었던 팀은 양식의 입력란을 5개로 줄였다. 최대한 간소화한 것이다. 그렇다면 지원자가 지원 절차를 포기한 이유는 무엇이었을까?

팀은 높은 이탈률로 미루어 볼 때, 페이지가 여전히 너무 복잡하고 어렵기 때문에 더욱 단순화해야 한다고 생각했다. 하지만 실제 사용자들의 의견을 수렴한 결과 단순성의 문제가 전혀 아니라는 사실이 밝혀졌다. 오히려 그 반대였다. 사람들은 자신의 정보를 제공하기 전에 계정과 상품에 대한 더 많은 정보를 알기를 원했던 것이다. 세부 정보를 추가하자 이탈률은 크게 감소했다.

바람직한 접근법: 인지도 및 수요 구축과 관련된 주요 전환점과 상호작용하는 사용자의 모습 관찰하기

목표: 브랜드 인지도 및 수요 구축과 연계된 KPI를 개선한다.

1단계: 사용자에게 이메일 가입 프로세스나 문의 양식contact form과 같은 회사의 후속 조치로 이어지는 경험과 상호작용하도록 요청한다.

인지도 및 수요와 연결된 전환점이 많으므로 이러한 전환점이 고객의 기대를 충족시키고, 고객을 당황하게 하지 않도록 조정할 수 있다. 매끄러운 경험을 제공할수록 더 많은 잠재 고객을 확보할 수 있다.

- **랜딩 페이지의 양식, 백서 다운로드 등:**
  양식은 잠재 고객의 세부 정보를 수집하는 일반적인 방법으로 새로운 제품, 프로모션, 캠페인에 대한 최신 정보를 제공할 수 있다. 양식은 쉽게 작성할 수 있어야 하고 불필요한 세부 정보를 요구해서는 안 된다.

- **이메일 등록:**

  이 과정은 간단해 보이지만, 마케팅 수신 동의 절차가 이중으로 되어 있거나 지나치게 많은 정보를 요구하면 도중에 잠재 고객을 잃을 수 있다. 사용자 테스트를 통해 모든 것이 원활하게 작동하는지 확인하라.

- **문자 가입:**

  휴대전화 문자로 프로모션이나 업데이트를 전송하는 것은 기업과 고객 모두가 채택한 새로운 채널이다. 사용자 테스트를 통해 문자 가입 프로세스가 원활한지 확인하라.

2단계: 사용자가 프로세스를 진행하는 동안 관찰하고, 관찰한 내용과 상호작용에 대해 설명할 때 경청한다.

이러한 테스트는 매우 빠르고 간단한 편이지만, 경험을 사용하는 사람들을 관찰하는 동안 다음 질문을 해 보는 것이 좋다.

- 활동이 주어졌을 때 무엇을, 어디서부터 시작해야 하는지 금방 알아차리는가? 아니면 주저하는가?
- 양식이나 입력란을 문제없이 작성할 수 있는가?
- 가입 내용을 이해하고 있는가?
- 불필요한 세부 정보를 요구하진 않는가?
- 가입하거나 등록하는 데 시간이 얼마나 걸리는가?
- 그 과정에서 어떤 어려움이나 실수가 발생하는가?

3단계: 경험에 대해 물어본다.

고객이 가입, 등록 또는 구독 절차를 마치면 물어보고 싶은 질문이 생길 것이다. 다음과 같은 질문을 해 볼 수 있다.

- **잘된 점과 혼란스러웠던 점을 물어본다:**
  다소 짧고 단순한 경험이지만, 고객에게 좋은 점이나 나쁜 점으로 기억된 부분이 있을 것이다. 고객의 관점을 물어보라.
- **주어진 작업을 올바르게 수행했다고 확신하는지 물어본다:**
  이메일 구독 신청과 같은 일부 가입 프로세스의 경우 고객이 확인 이메일 버튼을 클릭하여 구독 확인을 해 주어야 한다. 이 프로세스를 테스트할 때 고객이 가입 확인 버튼을 클릭하지 않았는데도 가입했다고 생각한다면 문제가 있는 것이다. 고객이 실제로 가입, 등록 또는 구독을 완료했다고 확신하는지 물어봐야 한다.
- **다음에 어떤 일이 발생할 것이라고 기대하는지 물어본다:**
  이제 가입, 등록 또는 구독을 완료했으니, 고객은 다음에 어떤 일이 일어나리라고 생각하는가? 어떤 유형의 정보를 받을 것으로 기대하는가? 그 기대가 현실과 일치하는가?

4단계: 알아낸 사실을 공유하고 조치한다.

매우 간단하고 집중적인 내용으로 구성된 이 섹션이 마무리되면, 실행할 수 있는 다음 단계로 넘어갈 수 있다.

- **전환을 방해하는 요소를 파악하고 해결한다:**

  등록이나 가입을 방해하는 요소를 해결해야 한다. 양식 간소화나 이중 인증 절차의 명확성 확보와 같은 문제는 이러한 사용자 테스트 접근 방식에서 흔히 발견되는 두 가지 문제다.

- **변경 사항을 적용하고 다시 테스트한다:**

  사용자 테스트를 기반으로 경험을 조정하면, 다시 테스트를 시행하고 문제가 없는지 확인해야 한다. 이러한 상호작용의 경우 범위는 좁지만, 예상대로 작동하지 않을 시 미치는 영향은 크다.

- **특히 수정하려면 설득이 필요한 차단 기능의 경우, 알아낸 사실을 공유하고 함께 관련 동영상을 시청한다:**

  양식의 필드 제거 등 변경하려면 설득이 필요한 문제를 발견한 경우, 많은 사람이 같은 문제를 겪고 있는 모습이 담긴 동영상을 공개한다. 이러한 증거를 직접 보면 반론을 제기할 수 없을 것이다.

고객 여정은 계속된다

적합한 솔루션이 있다고 수천 명의 사람을 설득하는 것은 비즈니스를 시작하는 데 필수적인 첫 단계이다. 사람들을 충성 고객으로 확보하고 유지하기 위해 기업이 해야 할 일과 사용자 테스트는 훨씬 많다.

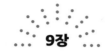

9장

모든 팀은 경험의 주인
고객의 전체 경험을 최적화하라

경험은 고객이 되기 전부터 시작되어 시간이 지남에 따라 고객 여정 전반에 걸쳐 형성되는 것이다. 전체 고객 여정에서 각각의 경험은 개별적으로 발생하지만, 모든 경험이 합쳐지면 회사에 대한 하나의 거대한 경험이 된다는 점을 기억해야 한다.

즐거운 경험은 고객 충성도를 강화하지만, 그 충성도는 나쁜 경험이 발생하면 금방 사라질 수도 있다. 따라서 고객이 제품을 선택 또는 구매하거나, 회원 가입을 하거나, 어떤 방식으로든 당신과 비즈니스를 하고 싶다는 의사를 표시한다면, 제공하는 경험을 꾸준히 개선하는 것이 매우 중요하다.

비행기 여행을 생각해 보자. 여행객 한 명의 경험은 서로 다른 수십 개의 집단이 설계한 다양한 활동의 영향을 받는다. 고객은 앱을 사용해 예약이나 재예약을 하고, 키오스크에서 체크인하고, 고객 서비스 담당자와 대화한다. 항공편에 대한 정보를 이메일 또는 문자 메시지로 받거나 웹 사이트의 채팅 기능을 사용해 세부 사항을 확인한다. 인쇄된 기내 안내문과 교육용 안전 동영상을 포함하는 기내 경험도 있다. 이 말의 의미를 이해했으리라 믿는다. 문자 메시지를 담당하는 팀과 기내 잡지를 편집하는 팀이 긴밀하게 협력할 가능성은 적지만, 두 팀 모두 전반적인 경험에 기여한다. 지속적인 고객 참여와 만족스러운 경험 창출은 어느 한 부서나 팀이 만드는 것이 아니므로 관리를 지속하고 최적화하는 것은 쉬운 일이 아니다.

연구에 따르면 75%의 기업이 자사를 고객 중심 기업이라고 생각하지만, 고객의 30%만이 이에 동의하는 것으로 드러났다. 인사이트를 기반으로 전반적인 고객 여정을 개선하고 최적화하면, 진정으로 고객을 최우선으로 생각하는 엘리트 조직으로 거듭날 수 있다.

9장에서는 전체 고객 여정의 여섯 가지 핵심 순간 중 마지막 세 가지에 대한 인사이트를 수집하는 방법을 알아본다.

1. 전환점과 전환 경로
2. 초기 경험
3. 지속적인 사용 및 채택

4. 고객 지원 상호작용

| 참고 자료 9.1 전체 고객 여정에서 인사이트 활용하기 |

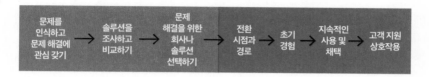

이러한 상호작용은 개별적으로 발생하는 것이 아니므로 고객 수명 주기 전반에 걸쳐 여러 접점에서 발생하는 전체적인 고객 경험을 파악하는 법을 살펴본다.

전환 경로와 전환점

많은 기업이 쇼핑, 가입 양식, 결제 프로세스, 앱 다운로드 경험에 다소 강박적이다. 이들 경험은 고객 여정에서 구매 전환이 이루어지거나 돈이 오가는 지점이므로 기업들이 집착할 만하다.

잠재 고객이 고객으로 쉽고 빠르게 전환될 수 있도록 하는 것은 매우 중요하다. 그렇지 않으면 고객은 자신의 요구를 충족하기 위해 다른 곳을 찾게 될 것이다. 그러나 훌륭한 전환 프로세스가 구매자의 충성도를 강화하는 유일한 요소라고 할 수는 없다. 쇼핑 경험을 최적화하고, 가입 절차를 간소화하며, 전환이 차질 없이 이루어지도록 하되, 이러한 단계들을 간소화하는 것만 중요하다고 생각해서는 안 된다.

초기 경험

상품을 구매하거나 가입하는 것이 끝이 아니다. 이는 오히려 고객과 회사 간 장기적인 관계의 시작이다. 고객이 다운로드한 앱을 처음 사용하거나, 검색 결과를 클릭하여 웹 사이트를 방문하거나, 건강 보험 포털에서 계정을 만드는 순간은 회사에 대한 고객의 의견에 큰 영향을 미친다. B2B의 경우 이러한 순간들이 대부분 성공적인 온보딩과 지속적인 사용으로 연결되므로 더욱 그러하다.

초기 고객 경험에 대한 피드백을 수집하는 것은 신산업과 비즈니스 모델에 있어 특히 중요하다. 잠재 고객에게는 해당 서비스가 훨씬 생소할 수 있기 때문이다. 금융 초보자가 앱을 통해 암호화폐에 대해 배우고 투자할 수 있도록 하려면, 초기 상호작용이 간단하고 명확하게 이루어져야 한다. 첫 상호작용이 시장에 있는 기존 앱들보다 쉽고, 성공적이며, 높은 보상을 보장해야 한다. 물리적인 제품도 마찬가지다. 새 신발, 새 모바일 기기, 새 디지털 온도 조절기를 개봉하는 것은 모두 기억에 남는 멋진 경험이 될 수 있다.

데이터의 함정

지속적인 사용과 채택

기업 대부분이 고객 참여가 처음 경험을 한 이후에도 계속된다는 사실을 알고 있지만, 의외로 장기적인 고객 여정을 개선하는 기업은 많지 않다. 따라서 처음한 경험이나 온보딩 이후 수개월 또는 수년 동안 모니터링을 하는 기업은 뚜렷한 경쟁 우위를 확보할 수 있다.

최고의 고객 경험을 창출할 수 있는 상호작용을 개선하는 것은 예산 계획을 세우고, 출시 일정을 결정하는 일만큼이나 중요한 비즈니스 일정이다.

고객 지원 상호작용

고객 여정의 마지막 구성 요소는 고객 지원 센터, 고객 지원 메커니즘, 문제 해결과 관련된 기타 기능이다. 열정적으로 참여하다가 도움을 요청한 고객이 답답해하거나 혼란스러워한다면 이것은 큰 손실로 이어질 수 있다.

전체 고객 여정을 위한 인사이트

전체 고객 여정이나 앞서 나열한 접점 중 하나를 평가할 때, 일반적으로 인사이트를 수집하는 네 가지 주요 방법은 다음과 같다.

- 기존 경험에 대한 정기적인 점검
- 데이터 기반 조사
- 경쟁사 평가
- 고객 여정 추적

다음 섹션에서는 각 방법의 중요성과 사례를 공유하고 권장 접근 방식을 알아본다.

기존 경험에 대한 정기적인 점검

왜 중요한가?

현실을 직시하자. 대부분의 팀은 새로운 기능을 출시하고, 코드베이스에 추가하고, 꾸준히 디자인을 업데이트한다. 따라서 중요한 접점에서 발생하는 경험을 정기적으로 평가하는 방법을 마련하는 것이 중요하다.

기존 경험에 대한 정기적인 평가는 최고의 전문가들이 채택한 예방적 접근 방식으로 구성된다. 문제 발생 이후에 사후적으로 대응하지 않고 사전에 적극적으로 대처하면, 브랜드나 비즈니스에 혼란이나 난처한 문제, 충격을 일으키지 않고 앞서 나갈 수 있다. 명백히 잘못된 점이 없더라도 분기별 또는 연 2회 정도의 점검을 통해 고객 경험에서 개선할 부분을 찾을 수 있다.

정기적인 점검을 최대한 활용하려면, 일정한 간격으로 반복할 수 있는 표준화된 접근 방식을 마련해야 한다. 이를 통해 결과를 지속적으로 기록할 수 있고, 개선(또는 악화)을 추적할 수 있다. 사용자에게 새 은행 계좌를 개설하거나, 앱을 찾아 다운로드하거나, 서비스에 등록하는 과정을 보여 달라고 하거나, 일련의 작업을 확인하기 위한 자체 프로세스를 만들 수도 있다. 무엇을 하든 코드화하고 반복하라.

사례 연구: 크리키|Krikey

크리키는 인도 사용자를 대상으로 하는 모바일 증강 현실AR 게임 공급 업체다. 크리키는 변경하거나 최적화할 만한 사항이 있는지 확인하기 위해 구글 플레이 스토어 페이지의 상태를 점검했다. 확인해 보니 사용자들은 사용할 언어와 크리키 제품 설명에 대해 매우 강한 피드백을 제공하고 있었다. 이렇게까지 솔직한 의견을 예상하지 못했던 크리키는 시장 표준에 부합하고 사용자의 기대에 부응하는 앱을 만들기 위해 모든 피드백을 마음에 새겼다.

게다가 사용자들은 크리키의 구글 플레이 스토어 이미지에 대해서도 강한 의견을 제시했다. 기존 페이지에는 게임의 전체 화면을 보여주는 세로 이미지가 등장하고, 사용자는 이 이미지들을 스크롤 하면서 앱을 사용하는 것이 어떤 느낌인지 알 수 있었다. 거의 모든 사용자가 크리키는 AR 앱이므로 이미지에서 AR을 보고 싶다는 의견을 남겼다. 기존 이미지에도 AR이 반영되어 있었기 때문에 처음에는 이러한 피드백을 이해하는 데 어려움을 겪었다. 크리키는 사용자 테스트를 한 번

더 시행했고, 이번에는 한 사용자로부터 게임 캐릭터가 휴대전화에서 '나오는' 모습을 보고 싶다는 설명을 들을 수 있었다.

크리키는 즉시 게임 캐릭터가 휴대전화의 프레임 밖으로 나와 활과 화살을 들고 괴물을 조준하는 이미지를 삽입했다. 피드백을 반영하자 구글 플레이 스토어 페이지에서 앱에 대한 사람들의 인지도에 큰 변화를 불러왔고, 크리키는 이 역동적이고 창의적인 스타일을 마케팅 시각 자료에 활용했다.

마지막으로 크리키는 많은 사용자가 자사 앱을 'AR 앱'이 아닌 '3D 앱'이라고 부른다는 사실을 알게 되었다. AR이라는 단어를 3D로 바꾸자 반응이 긍정적이었다. 사용자 테스트가 아니었다면 중요한 인사이트를 얻지 못했으리라고 생각한 크리키는 수 주마다 구글 플레이 스토어 사용자 테스트를 시행하고 사용자들의 제안에 따라 수정하는 작업을 계속했다. 지속적인 점검을 시행한 지 6개월 만에 앱 설치율은 45% 증가했다.

바람직한 접근법: 고객 여정의 특정 부분에 참여하는 사람들 관찰하기

목표: 경험의 중요한 부분, 특히 KPI에 영향을 미치는 플로우를 개선하고 최적화한다.

1단계: 사용자에게 고객 여정에서 관심 지점과 관련된 활동을 완료해 달라고 요청한다.

정기적으로 파악할 주요 상호작용은 셀 수 없이 많으며, 이러한 상호작용은 디지털 상호작용이나 물리적 상호작용, 또는 이 둘이 혼합된 형태까지 다양하다. 장기적으로 고객 경험의 핵심적인 부분들을 관찰하면서 인사이트를 수집할 수 있다.

- **전환에 이르는 경로 또는 전환 시점:**
  결제로 이어지는 쇼핑 경험이든, 앱스토어를 탐색하다가 다운로드를 한 경험이든, 앱으로 이어지는 금융 서비스 상품 비교이든, 주요 경험은 정기적으로 들여다봐야 한다.
- **초기 경험:**
  사람들이 경험을 처음 접하거나 상호작용할 때 어떤 반응을 보이는가? 압도당하는가? 즉시 참여하고 싶어 하는가? 아니면 그 중간인가? 초기 경험을 정기적으로 파악하면 경험을 최적화하고 채택하는 데 도움이 된다. 환영 이메일부터 실제 제품의 개봉까지 무엇이든 초기 경험이 될 수 있다.
- **지속적인 사용 및 채택:**
  고객이 브랜드에 가입하고 처음 경험을 한 후, 브랜드와 소통하는 주요 방법을 생각해 보라. 무엇이 고객을 계속 돌아오게 할까? 이러한 경험은 어떻게 최적화할 수 있을까? 예를 들어, 휴대전화 공급업체라면 고객이 어떻게 요금을 결제하는지, 새로운 기능이나 디바이스를 구매하는지, 기존 제품이나 서비스를 업그레이드하는지 파악하고 싶을 것이다.

- **고객 지원:**

  형편없는 고객 지원 서비스는 고객의 짜증을 유발할 수 있다. 회사에서 어떤 지원 메커니즘을 사용하든, 고객 지원 서비스에 접근하는 프로세스를 테스트하라. 사용자 테스트에서 사용자에게 고객 지원 부서와 접촉하거나, 지원 센터의 전화번호를 찾거나, 트위터에서 담당자의 관심을 끌어 달라고 요청한다.

2단계: 사용자가 프로세스를 진행하는 모습을 관찰하고, 관찰한 내용과 상호작용에 관해 설명할 때 경청한다.

사용자 테스트 중에는 순식간에 많은 일이 벌어진다. 관찰하고 경청하면서 다음 질문을 고려하라.

- 완료할 활동이 주어졌을 때 무엇을, 어디서부터 시작해야 하는지 금방 알아차리는가? 아니면 주저하는가?
- 경험을 쉽게 진행할 수 있는가?
- 걸림돌은 어디에 있는가?
- 진행하면서 중요한 정보를 찾고 이해할 수 있는가?
- 양식이나 필드를 문제없이 작성할 수 있는가?
- 각 단계와 전체 프로세스를 완료하는 데 걸리는 시간은 얼마나 되는가?
- 그 과정에서 발생하는 어려움이나 실수는 무엇인가?

데이터의 함정

3단계: 경험에 대해 물어본다.

사용자가 경험을 통해 다양한 활동을 시도하고 나면 물어보고 싶은 질문이 생길 것이다. 고려할 질문은 다음과 같다.

- **잘 작동한 부분:**
  현재 경험에서 잘 작동하는 요소와 유지해야 할 요소를 파악할 수 있다.
- **혼란스러웠던 점:**
  이는 사용자가 인지한 어려움과 문제점을 식별하는 데 도움이 될 뿐만 아니라 다음 작업에서 중점적으로 개선해야 할 사항을 명확히 하는 데 도움이 된다.
- **사용하면서 느낀 점:**
  사용자가 다양한 활동을 잘 해냈을 수도 있지만, 경험이 부족했거나 기대에 미치지 못했다면 이를 파악해야 한다.
- **주어진 활동을 올바르게 수행했다고 확신하는가:**
  사용자가 주어진 활동을 모두 완료했다고 확신하는데, 실제로는 대부분의 활동을 성공적으로 완료하지 못했다면 이는 해결해야 할 부분이다.
- **개선할 수 있는 부분:**
  고객이 자신에게 무엇이 필요한지, 어떤 개선이 필요한지 항상 알고 있는 것은 아니지만, 이러한 관점을 수집하는 것은 도움이 될 수 있다. 물어보는 것만으로도 좋은 아이디어를 얻을 수 있다.

4단계: 알아낸 사실을 공유하고 조치한다.

경험에 대한 사용자 테스트를 시행하고 나면 엄청나게 많은 메모와 아이디어가 생기게 된다. 알아낸 사실에 대해 조치를 취하는 것이 중요하다. 분석 마비에 빠지지 않도록 주의하라. 사용자 테스트 후에 일반적으로 진행되는 단계는 다음과 같다.

- **우선순위가 높은 문제를 파악한다:**

  일반적으로 모든 사람이 경험한 공통의 문제는 발생하기 마련이다. 예를 들면, 모두가 가격 책정에 대해 혼란스러워하거나 회원 가입에 대한 세부 정보를 찾지 못할 수 있다. 눈에 띄는 문제나 KPI와 관련된 문제를 파악하고 팀이 모여 함께 해결한다. 문제를 개선하면 사용자 테스트를 다시 시행한다.

- **즉시 해결할 수 없는 문제는 기록해 둔다:**

  모든 문제가 다음 작업이나 전반적인 개선이 이루어지기 전에 해결될 수 있는 것은 아니다. 즉시 해결할 수 없는 문제들은 기록해 두었다가 나중에 다시 살펴보고 해결한다. 이러한 문제들은 접근 방식을 바꾸거나 전환하면서 사라질 가능성이 크지만, 만일을 대비해 기록해 둔다.

- **다음 피드백을 계획한다:**

  파악한 문제에 대해 개선할 사항을 다음 사용자 테스트 계획에 포함한다. 완벽한 경험은 없다. 개선한 프로토타입을 다시 테스트한 뒤 이에 대한 피드백을 받을 수도 있고, 중요한 탐색 문제를 해결하기 위해 카드 소팅을 진행할 수도 있다.

- **좋은 점과 나쁜 점 등 사용자 테스트에서 알아낸 모든 사실과 영상을 공유한다:**
사용자 테스트에서 관찰하고, 듣고, 파악한 내용을 공유해야 한다. 모두가 함께 점심을 먹으며 테스트 세션을 시청할 수도 있고, 창의력을 발휘해 편집한 '하이라이트'와 '로우라이트' 영상을 보면서 잘 작동하는 부분과 다음에 집중해야 할 부분이 어디인지 의논할 수 있다.

데이터 기반 조사

왜 중요한가?

기존 프로세스에 대한 정기 점검은 개방형 탐색이므로 중요한 전환 지점에서 문제가 발견될 수도 있고, 발견되지 않을 수도 있다. 하지만 데이터 기반 조사는 특정 사안에 초점을 맞춘다. 심도 있는 이해가 필요한 특정 지표가 있거나 데이터에서 추가 설명이 필요한 패턴이 발견되었다면, 이럴 때의 임무는 정확히 무슨 일이 일어나고 있는지, 어떻게 해결해야 할지를 파악하는 것이다.

예를 들어, 주요 기능 중 하나가 사용되지 않고 있다면 데이터에 나타난다. 사용자가 이 기능을 사용하지 않거나 상호작용하지 않는 이유는 무엇일까? 해당 기능이 숨겨져 있거나 사용하기 어려운가? 아니면 사용자가 해당 기능의 가치를 보지 못하는 것일까? 조사하지 않으면 추측만 가능하며, 추측을 근거로 잘못된 요소를 변경하면 실제 문제가 모호해질 수 있다.

가설을 세우고 사용자 테스트를 하는 것은 지극히 자연스러운 일이다. 그래픽 요소가 너무 많거나 지나치게 많은 정보를 입력해야 해서 고객이 결제 플로우에서 이탈한다고 생각할 수도 있다. 하지만 실제로는 의외의 이유가 존재할 수 있으므로 열린 마음을 가져야 한다.

마지막으로 근본적인 문제나 원인을 찾을 때, 경험의 한 부분으로 범위를 좁히고 싶은 유혹을 느낄 수 있다. 하지만 이는 바람직한 접근 방식이 아니다. 특정 지점이 전체 경험에 어떤 영향을 미치는지 맥락적인 정보가 없다면 문제 자체를 놓쳐 버릴 위험이 있다.

사례 연구: 대형 글로벌 유통업체

한 대형 글로벌 유통업체는 일일 60만 명에 달하는 웹 사이트 방문자 중 상당수가 높은 비율로 제품 상세 페이지에서 이탈하는 것을 발견했다. 그 이유에 대해 여러 가지 가설이 나왔는데, 가격이 너무 비싸다는 주장도 있었고, 배송이 빠르지 않다는 주장도 있었고, 페이지에 세부 정보가 부족하다는 지적도 있었다.

회사는 가설로 설정한 문제를 해결하기보다 실제 고객에게 웹 사이트에서 쇼핑과 탐색을 해 달라고 요청했다. 이를 통해 고객이 제품 상세 페이지에서 이탈하는 진짜 원인을 파악할 수 있었다. 제품 이미지가 부족하여 고객이 제품 모양에 대한 충분한 정보를 얻을 수 없었다. 고객은 다른 유통업체를 방문해 세부 정보를 얻다가 결국 해당 업체의 고객으로 전환했다.

회사는 이 인사이트를 바탕으로 디자인 수정 작업을 여러 번 거쳐 제품 이미지를 개선했다는 업데이트를 공지했다. 공지가 나간 후에 매출은 13% 증가했다. 이러한 성공 이후에도 회사는 계속 인사이트를 활용하여 고객 전환 및 매출로 이어지는 흐름과 경험을 개선하기 위해 노력하고 있다.

바람직한 접근법: 개선이나 이해가 필요한 주요 지표와 관련된 경험을 사용하는 사용자의 모습 관찰하기

목표: 중요한 KPI를 개선한다.

1단계: 사용자에게 개선이나 이해가 필요한 지표와 연계된 활동을 완료해 달라고 요청한다.

비즈니스를 영위하면 많은 데이터가 생성된다. 다음은 경험의 모든 중요한 단계에서 인사이트를 통해 영향을 미칠 수 있는 지표들이다.

- **전환 경로 또는 전환 시점:**

  고객이 제품 세부 정보 페이지나 앱 플로우의 세 번째 페이지에서 이탈하거나 스크롤을 유도하는 문서에서 스크롤 하지 않고 있다면, 고객의 관점을 근거로 정보에 입각한 결정을 내려 이탈률을 낮춰야 한다.

- **초기 경험:**

  앱을 다운로드했지만, 사용하지 않았거나 구독을 금방 취소한 것
  도 초기 경험이다. 물리적인 환경에서는 일회성 구매도 초기 경험
  에 해당한다. 데이터상으로 고객이 비즈니스와 처음 상호작용할
  때 문제점이 있다는 사실이 발견되면, 사용자 테스트를 시행해야
  한다.

- **지속적인 사용 및 채택:**

  일회성 방문에 그치거나 각각의 방문 사이에 큰 시간 차이가 발생
  하는 경우가 있다. 음식 주문 앱부터 뉴스 웹 사이트, 렌터카 서비
  스까지 모든 비즈니스 모델이 재방문율에 영향을 받는다. 어떻게
  고객의 재방문을 유도할지 알아내기 위해서는 고객의 관점을 수
  집해야 한다.

- **고객 지원:**

  고객 지원팀이 있는 경우 문제가 보고될 때마다 플래그를 지정하
  고 분류하고 있을 확률이 높다. 가격 변동부터 새로운 기능에 관한
  요청까지 다양한 의견이 쇄도할 수 있다. 회사와 관련된 소셜 미디
  어 게시물과 이메일을 스크랩하고 있을 수도 있다. 이러한 데이터
  의 추세를 파악하면 어디에 노력을 집중해야 할지 알 수 있다.

**2단계: 사용자가 프로세스를 진행하는 모습을 관찰하고, 관찰한 내용
과 상호작용에 대해 설명할 때 경청한다.**

특정 흐름이나 상호작용에 대해 사용자 테스트를 진행할 때는 많은
일이 빠른 속도로 발생한다. 사용자를 관찰하고 경청하면서 다음 질문

데이터의 함정

을 고려하라.

- 엔드 투 엔드end·to·end 경험은 어떠한가? 특정 페이지나 요소에 대해 테스트를 하더라도 전체 경험이 사용자의 행동에 미치는 영향을 이해하는 것은 중요하다.
- 사용자가 특정 페이지나 요소에 도달할 때 어떤 일이 발생하는가? 사용자가 페이지와 상호작용하는 데 어려움을 겪는가? 사용자가 콘텐츠나 카피를 혼란스러워하는가? 사용자가 이탈하거나 포기하는 이유는 무엇인가?

3단계: 경험에 대해 물어본다.

사용자가 경험을 수행하고 나면 묻고 싶은 질문이 생길 것이다. 고려할 질문은 다음과 같다.

- **잘 작동한 것:**
현재 경험에서 잘 작동하는 요소와 유지할 요소를 파악할 수 있다.
- **혼란스러웠던 점:**
사용자가 인지한 어려움과 문제점을 식별하고, 다음 작업에서 중점적으로 개선할 사항을 명확히 파악하는 데 도움이 된다.
- **특정 지점 또는 상호작용에 대한 문제:**
피드백을 받고 싶은 특정 영역이 있을 수 있다. 해당 영역에 대한 피드백을 받는 데 시간을 할애하라.

- **개선할 수 있는 부분:**

  고객이 자신에게 무엇이 필요한지, 어떤 개선이 필요한지 항상 알고 있는 것은 아니지만, 이러한 관점을 수집하는 것은 도움이 될수 있다. 물어보는 것만으로도 좋은 아이디어를 얻을 수 있다.

4단계: 알아낸 사실을 공유하고 조치한다.

경험에 대해 사용자 테스트를 하고 나면 엄청나게 많은 메모와 아이디어가 생기게 된다. 알아낸 사실에 대해 조치하는 것이 중요하다. 특히 개선하려는 지표와 직접적으로 연관된 사항에 대해 조치하는 것이 중요하다. 사용자 테스트 이후 일반적으로 진행되는 단계는 다음과 같다.

- **주요 지표와 연관된 이슈들을 식별하고 해결한다:**

  눈에 띄는 주요 이슈들, KPI와 관련된 주요 문제를 문서화한다. 그런 다음 문제를 해결한다.

- **즉시 해결할 수 없는 문제는 기록해 둔다:**

  모든 문제가 출시 전이나 업데이트 전에 해결될 수 있는 것은 아니다. 개선하려는 지표와 직접적인 관련이 없는 문제는 더욱 그렇다. 즉시 해결할 수 없는 문제들은 기록해 두었다가 나중에 다시 살펴보고 해결한다.

- **알아낸 사실과 영상을 공유하여 팀에 풍부한 상황 정보를 제공한다:**

  고객 행동에 영향을 미치는 한두 가지 장애물이 있을 수 있다. 사용자 테스트 영상을 팀과 공유하라. 상황 정보가 없다면, 팀원들은 문제를 제대로 이해하지 못할 것이다. 직접 눈으로 확인하는 것은

데이터의 함정

올바른 해결책을 수립하고 긴급한 조치를 취하는 데 도움이 된다.

- **개선된 제품을 출시하기 전에 사용자 테스트를 한다:**
  출시하기 전에 문제가 제대로 수정되었는지 확인하라. 프로토타입을 공개하여 사용자의 의견을 수렴할 수 있다. 최악의 시나리오는 수정으로 인해 문제가 더욱 악화되는 것이다. 이러한 상황을 방지하려면 업데이트 버전을 출시하기 전에 사용자 테스트를 시행해야 한다.

경쟁사의 경험과 업계 최고 경험의 평가

왜 중요한가?

경쟁 환경에 대한 사용자 테스트를 정기적으로 시행하면, 경쟁 환경에서의 성과를 확인하는 데 도움이 될 뿐만 아니라 차별화를 위한 기회를 찾을 수도 있고, 환경이 어떻게 바뀌고 있는지 이해하는 데도 도움이 된다.

자사 고객에게 경쟁사의 경험을 평가해 달라고 요청하는 것만이 유일한 방법은 아니다. 경쟁사 고객에게 자사의 경험을 평가해 달라고 할 수도 있다.

피츠커피Peet's Coffee의 충성 고객에게 피츠커피의 앱과 스타벅스의 앱을 비교해 달라고 요청하고, 스타벅스 충성 고객에게 동일한 요청을 하면 어떤 인사이트를 얻을 수 있을지 생각해 보자. 경쟁 상황에 대해 많은 것을 배우고 차별화할 방법을 빠르게 파악할 수 있다.

경쟁사 분석 외에도 동종 업계 최고의 경험 또는 선호도가 높은 경험에 대해 사용자 테스트를 수행할 수 있다. 인기 있는 웹 사이트나 앱, 경쟁업체가 아니더라도 뛰어난 경험을 제공하는 다른 회사에 대한 피드백을 요청하라. 사용자가 좋아하는 점을 파악하고, 자사가 제공하는 경험에서 어떻게 모방할 수 있을지 고민해 본다. 사람들은 일반적으로 재학습을 거부하므로 이러한 정보는 귀한 정보이다. 사람들이 선호하는 구매 시점이나 전환 시점을 모방할 수 있다면, 훨씬 수월한 고객 경험을 창출할 수 있다.

현대의 고객들은 저마다 기대치에 대한 의견이 다르다. 고객들은 선호와 불만 같은 자기주장이 강하므로 쉽고 매끄러운 경험을 제공하는 회사에 존경심을 가진다. 사용자 테스트를 통해 선호도를 파악하고 조정할 수 있다.

사례 연구: 이동통신사업자

미국 최대 이동통신사의 대표는 시장조사기관인 제이디파워JD Power가 발표한 연간 업계 순위에서 자사가 1위를 차지하지 못했다는 사실을 알고 크게 분노했다. 즉시 그는 순위를 높이겠다는 목표를 세웠다.

이후 회사는 매월 경쟁사 평가를 시행했다. 다른 이동통신사들이 잘하고 있는 것과 그렇지 않은 것, 고객이 그들의 회사를 어떻게 생각하는지 조사했다. 시간이 지남에 따라 정보가 축적되면서 제품을 차별화하고 앞서 나갈 방법이 보이기 시작했다.

조사에 따르면, 고객들은 명확하지 않은 가격에 큰 불만을 느꼈다. 휴대전화 요금제의 가격 구조는 불투명하기로 악명이 높고, 일반적으로 통신사 웹 사이트에도 자세하게 공개되어 있지 않아 사람들이 불편해하는 부분이다. 고객들은 이러한 점을 싫어하고 불신했으며, 설명이 명확하고 간단히 알아볼 수 있는 요금제를 원했다. 경쟁사 중 한 곳은 모든 세부 정보를 웹 사이트에 공개하는 등 간단하고 이해하기 쉬운 가격 전략을 시행했고 고객들도 이를 반겼다. 그 후, 이 전략을 모방하자 비슷하게 긍정적인 피드백이 들어오기 시작했다.

결과는 어땠을까? 인사이트를 기반으로 전략을 여러 차례 수정한 뒤 이듬해 제이디파워가 집계한 업계 순위에서 1위를 차지했다.

바람직한 접근법: 사용자가 경쟁사의 경험이나 업계 최고의 경험과 상호작용하는 모습 관찰하기

목표: 자사의 경험을 최적화하고 경쟁사와 차별화할 수 있는 방법을 찾는다.

1단계: 사용자에게 경쟁사나 업계 최고의 경험을 완료해 달라고 요청한다.

경쟁사 또는 업계 최고 기업의 고객 여정에서 중요한 부분에 대한 고객의 관점을 수집한다.

- **전환 경로 또는 전환 시점:**

  거의 모든 현대 비즈니스는 일련의 표준 또는 모범 사례를 통해 전환 경험에 이르는 경로와 전환 지점을 가지고 있다. 탐색, 쇼핑, 구매, 등록, 계정 생성, 결제 등 목록은 끝이 없다. 무엇을 모방하고 무엇을 피해야 하는지 파악하는 것이 전환 지표의 성패를 좌우한다.

- **초기 경험:**

  전환점과 마찬가지로, 타사의 초기 경험에 대해 사용자 테스트를 하면 자사의 초기 경험을 개선하는 방법을 두고 정보에 입각한 선택을 할 수 있다. 업계 최고 기업의 초기 고객 경험에 대한 정보를 수집하려면 사용자에게 경쟁업체가 아니더라도 탁월한 경험을 제공하는 기업에 대해 피드백을 달라고 요청하라. 사용자가 해당 업체와의 초기 경험에서 어떤 점을 좋아하는지 알아보고, 그것을 자사의 온보딩이나 환영 프로세스welcoming process에 통합하라.

- **지속적인 사용 및 채택:**

  공개된 것은 무엇이든 사용자 테스트의 대상이 될 수 있다. 회사는 최고 유통업체인데, 고객 참여와 충성도를 높이기 위해 경쟁업체가 하는 것을 파악하려 한다고 가정해 보자. 당연히 사용자 테스트를 시행할 수 있다. 이어 인스타그램이나 로빈후드처럼 고객을 정착시키는 경험을 생각해 보자. 무엇이 고객을 정착하게 만드는 걸까? 이러한 전략은 어떻게 모방할 수 있을까?

- **고객 지원:**

  경쟁업체는 고객에게 지속적인 지원을 제공하기 위해 어떤 노력을 기울이고 있는지 살펴보라. 그들은 어디에 있는가? 경쟁업체의 고객 지원이 고객의 기대치를 충족하는가? 자사의 지원 경험과 비교하면 어떠한가? 동종 업계에 속하지 않더라도 고객 지원이 탁월한 기업에 대해 피드백을 수집하는 것도 고려해 본다.

2단계: 고객이 경험을 사용하는 모습을 관찰하고, 고객이 관찰한 내용을 설명할 때 경청한다.

고객이 상호작용하고 반응할 때 다음 질문을 고려해 본다.

- 내 경험은 경쟁사의 경험이나 업계 최고의 경험과 어떻게 비교되는가?
- 고객이 경쟁사의 경험이나 업계 최고의 경험에서 자사의 경험과 다른 지점에 도달했을 때 어떻게 반응하고 대응하는가?
- 경쟁사의 경험이나 업계 최고의 경험에서 잘 작동하는 요소는 무엇인가? 잘 작동하지 않는 것은 무엇인가?
- 고객이 특히 불편해하는 순간은? 즐거워하는 순간은?
- 차이가 있는 부분은 어디인가? 부족한 부분은?

3단계: 고객에게 경험에 대해 직접 물어본다.

고객이 경쟁사의 경험이나 업계 최고 경험에 대한 피드백을 공유하면 묻고 싶은 질문이 생길 것이다. 다음은 살펴볼 만한 영역이다.

- **경쟁사의 경험과 자사의 경험 비교:**

  자사의 경험이 경쟁사의 경험과 어떻게 비교되는가? 당신도 의견이 있겠지만 고객의 관점을 물어보라.

- **경쟁사의 강점과 약점:**

  경쟁사의 경험이 뛰어난 부분은 어디인가? 고객이 어려워하는 부분은 무엇인가? 경쟁사의 경험을 파악하고 자사의 경험을 차별화할 방법을 찾는 것은 중요하다.

- **기쁨의 순간:**

  업계 최고의 경험이 제공하는 기쁨의 순간들moments of delight에서 배울 수 있는 것들이 있다. 특별히 좋았던 점을 물어보라. 앞서 언급했듯이 경쟁업체의 경험이 고객이 최근에 경험한 최고의 경험일 수 있다.

4단계: 알아낸 사실을 공유하고 조치한다.

경쟁사와 업계 최고의 경험에 대한 평가를 받으면 분석할 데이터가 많아질 수 있다. 한꺼번에 많은 문제를 붙잡고 씨름하지 말고, 중요한 문제를 찾고 계획을 세워라. 이러한 유형의 사용자 테스트를 시행한 후에는 다음과 같은 작업을 수행할 수 있다.

- **영향이 큰 변경 사항을 (가급적 적은 노력을 들여) 처리한다:**

  경쟁업체가 고객이 주목하는 가치 있는 솔루션을 제공하고 있을지도 모른다. 자사의 결제 경험이 업계 최고의 결제 경험을 따라가지 못하고 있을 수도 있다. 주요 지표에 영향을 미칠 수 있는 문

데이터의 함정

제를 식별하고 해결한다.

- **전반적인 고객 여정을 지원하는 팀에 영향과 영감을 준다:**
  경쟁사의 경험이나 업계 최고의 경험과 자사의 경험을 비교하여
  많은 것을 배웠을 것이다. 알아낸 사실 중 광범위하고 비교적 전
  술적이지 않은 부분을 담당 팀들과 함께 공유하라. 적합한 리더를
  찾아 피드백을 공유하며 변화를 유도한다.

- **핵심 사항을 정리한다:**
  경쟁사 평가는 정기적으로 수행할 것을 권장하며, 시간이 지나도
  시행해야 한다. 분기마다 경쟁사의 경험을 조사하면 수개월이나
  수년에 걸쳐 의미 있는 인사이트를 얻을 수 있다.

고객 여정 추적하기

왜 중요한가?

사용자 테스트를 할 때 고객 경험의 단일 측면에 대한 피드백을 수
집하고 개선 작업을 진행하는 경우가 많다. 그러나 현실에서는 고립된
상황에서 경험의 어느 한 측면만 작동하는 경우는 없다. 고객이 직면하
는 어려움이나 고객이 회사와 상호작용하는 과정에서 내리는 결정은
오랜 기간에 걸쳐 연속적으로 발생한다. 한 걸음 뒤로 물러나 고객 여
정 전체를 테스트하지 않으면 전반적인 고객 경험을 개선할 수 없다.

고객과 잠재 고객의 초기 인식부터 의사 결정의 최종 단계까지 관
찰하면, 고객 여정을 이해하는 데 있어 합격점 정도는 받을 수 있다. 이
과정에서 얻은 인사이트를 통해 무엇을 바꿔야 하는지 아이디어를 도

출할 수 있다.

사례 연구: 레저 여행 회사

미국의 한 레저 여행 회사가 고객이 직접 여행 경로를 계획하는 새로운 패키지 상품을 출시하자 전화와 문의가 급증했다. 고객들의 문의가 급증한 이유는 예약 과정에서 항공편을 지정할 수 없었기 때문이었다. 회사는 구체적인 문제를 파악하기 위해 사용 테스트를 시행했다.

테스트 결과, 사용자는 항공편을 지정하기 위해 마우스 커서를 페이지의 특정 부분으로 가져갔지만, 웹 사이트에는 해당 옵션을 제공하지 않고 있었다. 회사는 알아낸 사실을 바탕으로 예약 과정에서 고객이 원하는 항공편을 지정할 수 있도록 링크를 추가했다. 변경 사항이 적용되자 여행 패키지 예약이 증가했고, 지원 문의 전화는 82% 감소했다.

바람직한 접근법: 여러 접점에서 고객이 된 기분을 느껴 보라

목표: 채널과 디바이스 전반에서 경험을 최적화한다.

1단계: 사용자에게 여러 접점의 활동을 완료해 달라고 요청한다.

인지, 조사, 전환, 그 이후까지 고객과의 모든 상호작용은 시간이 지나면서 누적된다. 다행히 사용자 테스트를 통해 전체 고객 경험을 파악할 수 있다. 다음은 전체 고객 경험을 파악하기 위한 조언이다.

- **시간을 두고 사용자의 다양한 채널과 주요 여정을 추적한다:**
  사용자 테스트의 대상을 찾을 때, 두 건 이상의 경험에 대해 피드
  백을 제공할 의향이 있는지 물어보라. 테스트는 수 시간, 수일, 수
  주, 그 이상 걸릴 수도 있으므로 사전에 약속을 받는 것이 중요하
  다. 1~2주 이상 걸리는 경우 참가자가 중도 포기하는 경향이 있으
  므로 실제 필요한 인원보다 많은 인원으로 시작하는 것이 좋다.
- **사용자에게 자신의 관점에서 경험을 문서화해 달라고 요청한다:**
  일반적으로 이 세션에서는 진행자가 사용자를 실시간으로 관찰
  하지 않는다. 대신, 진행자는 사용자가 경험에 이르는 경로나 활
  동을 시작할 수 있도록 돕고 경험을 기록해 달라고 요청한다. 사
  용자는 사진을 찍거나, 녹음을 하거나, 문서에 메모를 남기거나,
  특정 질문에 답하는 방식으로 이를 수행한다.
- **회사와 어디서, 어떻게 상호작용할지 고객이 선택한다:**
  이 접근 방식의 장점은 고객이 자신의 모험을 스스로 선택한다는
  것이다. 고객에게 새 매트리스를 찾아 주문하고 한 달 동안 사용
  하는 등의 광범위한 활동을 요청할 수 있다. 어떻게 매트리스를
  조사하고, 구매하고, 받을지는 전적으로 고객에게 달려있다. 이
  방식으로 다양한 경로를 발견할 수 있다.
- **데이터는 들어오는 대로 처리한다:**
  사용자 테스트는 많은 양의 데이터를 생성한다. 테스트가 끝날 때
  까지 데이터를 처리하지 않고 기다린다면 압도적으로 많은 데이

터가 생성되기 때문에 데이터는 들어올 때마다 처리해야 한다. 그렇게 하면 방향을 바꿔야 하는 경우 추가적인 지시도 할 수 있다. 테스트가 종료된 이후에는 방향을 바꿀 수 없다.

- **정기적으로 점검한다:**

정기적인 전환, 일일 또는 주간 프롬프트prompt(질문이나 지시를 나타내는 문장이나 단어), 사용자 테스트 시작과 종료 시 접촉 등 어떤 방식으로든 사용자 테스트에 참여하는 사람들과 소통해야 한다. 사용자 테스트로 풍부하고 맥락에 맞는 피드백을 받을 수 있다. 특히 경험을 장기간에 걸쳐 기록해 달라고 요청하는 경우, 소통은 사람들의 지속적인 참여를 유도하는 데 도움이 된다.

2단계: 사용자가 프로세스를 진행하는 동안 관찰하고, 사용자가 관찰한 내용과 상호작용에 대해 설명할 때 경청한다.

이러한 유형의 사용자 테스트에서는 사람들이 채널과 디바이스, 다양한 환경을 오가는 모습을 관찰할 수 있다. 사용자를 관찰하고 이야기에 경청하는 동안 다음 질문을 고려하라.

- 엔드 투 엔드 경험은 어떠한가? 경험의 최고점과 최저점은 어디인가?
- 주로 언제 참여하는가? 하루 중 특정 시간대인가? 특정 요일인가?
- 프로세스의 전반 또는 특정 지점에서 다른 사람이 참여하는가?
- 자사 제품 외에 고객이 사용하는 자원이나 경험은 무엇인가?

3단계: 사용자 테스트가 진행되는 도중과 완료 후 피드백을 요청한다.

사용자 테스트 도중에 참가자들과 정기적으로 점검하고, 마지막으로 대화할 때 추가로 피드백을 요청할 수 있다. 이때 다룰 만한 주제는 다음과 같다.

- **각 상호작용에서 잘된 점과 그렇지 않은 점을 파악한다:**
  이를 통해 각 접점에서 현재 무엇이 잘 작동하고 있고, 무엇을 유지해야 하는지 파악할 수 있다. 또한 고객이 인지한 어려움과 문제점을 파악하고, 다음 작업에서 중점적으로 개선할 사항을 파악하는 데 도움이 된다.
- **특정 방식을 선택한 방법과 이유를 물어본다:**
  대부분의 상호작용이 오후 9시 이후에 모바일 디바이스에서 일어난다는 사실이 밝혀졌을 수도 있다. 그 이유를 알면 고객과 고객의 니즈를 이해하는 데 도움이 된다.
- **엔드 투 엔드 경험의 최고점과 최저점을 물어본다:**
  전체 경험에서 고객이 '훌륭하다'라고 느낀 부분은 어디인가? 가장 어려웠던 부분은? 이러한 인사이트는 전체 고객 여정에서 발생하는 감정을 이해하는 데 도움이 되며, 가장 먼저 해결할 문제를 파악하는 데 유용하다.
- **개선할 수 있는 부분을 물어본다:**
  고객이 자신의 니즈와 개선점을 항상 알고 있는 것은 아니지만, 이에 대한 고객의 관점을 수집하는 것은 도움이 될 수 있다. 물어보는 것만으로도 좋은 아이디어를 얻을 수 있다.

4단계: 알아낸 사실을 공유하고 조치한다.

일정 기간 사용자와 회사와의 주요 상호작용을 추적하면, 많은 피드백과 실행 항목이 생기게 된다. 알아낸 사실에 대해 조치하는 것이 중요하다. 분석 마비에 빠지지 않도록 주의하라. 사용자 테스트 이후에 일반적으로 이루어지는 단계는 다음과 같다.

- **문제의 범위를 좁히거나 문제가 될 만한 이슈를 확인한다:**
  사용자 테스트에 참여한 사람들이 각자 다른 경로를 선택했다면 강력한 패턴이 나타나지 않을 수 있다. 어느 한 사용자의 경로가 특히 모호한 경우 다른 사용자를 대상으로 다시 테스트하여 문제를 구체화할 수 있다. 또는 이와 상관없이 문제를 해결하기로 선택할 수도 있다.
- **고객 여정을 문서화한다:**
  각각의 사용자의 활동 경로를 보여 주는 방식으로 문서화하는 것이 가장 좋다. 접점마다 잘된 점과 개선해야 할 점을 나열하고, 고객의 전반적인 정서가 어떠했는지 파악하라. 사용자 테스트에서 얻은 녹화 영상을 첨부해 문서에 생동감을 불어넣는다.
- **고객 여정에 생동감을 불어넣는 영상을 배포한다:**
  이 접근 방식은 고객이 여정을 진행하는 모습을 관찰할 수 있으므로 스토리텔링에 적합하다. 고객이 배송을 설정하고, 패키지를 받고, 제품을 추적하는 과정을 담은 영상은 팀원들에게 매우 흥미로울 수 있다. 영상은 이해하기 쉽게 편집하여 배포해야 한다.

USER TESTED

4부

문화적 변화

전사적으로 인사이트를 적용하라

4부에서는 사용자 테스트를 회사 전체에 도입하기 위한 전략을 제시한다. 사용자 테스트를 통해 얻은 인사이트는 기업 문화의 필수 요소가 되어야 한다. 그렇지 않으면 고객에 대한 공통된 이해를 도출하지 못하거나 모든 논의와 활동, 의사 결정 과정에서 고객을 중심에 두지 않게 된다. 사용자 테스트를 통해 인사이트를 얻는 작업은 끊임없이 이루어져야 한다. 이를 염두에 두고 풀뿌리 운동을 통해 여러 부서의 지지를 얻는 방법과 최고 경영진의 인사이트를 장려하고 촉진하는 방법 등 두 가지 접근 방식에 대한 전략을 제시한다. 물론 문화적 변화가 유기적으로 빠르게 이루어질 수 있도록 하나의 접근 방식만 취하기보다 두 가지를 함께 사용하기를 바란다.

USER TESTED

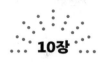

10장

상향식

풀뿌리 운동

디지털 스포츠 엔터테인먼트 회사이자 게임 회사인 드래프트킹스 DraftKings의 사용자 연구 수석 연구원인 애니 콜베트Annie Corbett는 광범위한 사용자 테스트와 고객 관점의 확산이 회사에 유용하다는 사실을 알고 있었다. 그녀는 회사의 모든 구성원이 정보에 입각한 의사 결정을 할수 있도록 실행 가능한 인사이트를 갖추는 것을 목표로 삼고 있었다.

하지만 동료들은 그녀의 목표에 의구심을 품었고, 인사이트가 지닌 잠재력을 이해하지 못했다. 어떻게 하면 고객과 더 빠르고 쉽게 소통할 수 있을까? 제품팀이 제품을 구축하는 속도를 어떻게 따라갈 수 있을까? 인사이트를 얻을 수 있다면 팀들은 인사이트를 기반으로 행동할까? 어떻게 직원들에게 부담을 주지 않고 피드백을 공유할 수 있을까?

고객 수가 세 자릿수로 증가하는 드래프트킹스 같은 회사는 현장의 목소리에 귀를 기울이고, 고객의 피드백을 반영하고, 사용자가 자사의 제품을 즐겁게 사용하고 있는지 확인하는 것이 중요하다. 드래프트킹스는 이미 고도로 분석적인 문화를 구축하고 있는 회사였기 때문에 그녀는 사용자 테스트가 가치 있을 뿐만 아니라 필수적이라는 사실을 증명해야 했다.

그녀는 자신의 아이디어를 알리고 소통하여 호기심을 불러일으켜야 한다는 것을 알았고, 그렇게 해서 관심을 끄는 데 성공했다. 여러 차례 성공을 거둔 후, 그녀는 더 많은 팀과 부서를 사용자 테스트에 참여시키고 내부 지지자를 모집하기 시작했다. 이후 드래프트킹스는 제품 개발 주기에 인사이트를 통합했고, 테스트 결과와 영상을 광범위하게 축적했으며, 보스턴 시내 본사에 최첨단 연구소를 마련하여 고객 피드백을 기반으로 하는 디자인 문화를 구축했다.

이 모든 변화는 애니 콜베트가 바닥부터 쌓아 올린 결과다. 그렇다. 그녀는 리더이긴 했지만, 최고 경영진에 속하지는 않았다. 급여에 서명하고 예산을 승인하는 위치에 있지는 않았지만, 문화적 변화를 일으킬 방법을 찾아냈다.

당신도 할 수 있다. 조직 내에서 어떤 위치에 있든, 사용자 테스트로 얻는 인사이트를 통해 모든 사람이 혜택을 받을 수 있다는 사실을 명확히 인식하고 있다면, 관련 논의를 주도할 수 있다. 회사에 문화적 변화의 바람을 일으키는 사람이 될 수 있다. 하지만 애니 콜베트가 그랬던 것처럼 그 과정에서 의견이 다른 사람이나 위구심을 품는 사람을 만날 수도 있다. 10장에서는 그런 상황을 효과적으로 헤쳐 나갈 수 있는 전략을 제시한다. 사용자 테스트와 인사이트를 중심으로 풀뿌리 운동을 펼치는 가운데 직면할 수 있는 상황은 다음과 같다.

엔지니어링 중심의 회사라면...

많은 기업이 제품을 구상하고 제작할 때 엔지니어의 의견을 존중하는 문화를 가지고 있다. 고객의 의견이나 프로덕트 매니저의 지침에 따르기보다 엔지니어가 주도하고 기술 요구 사항을 충족하는 데 중점을 둔 콘셉트를 추구하는 경향이 있다. 엔지니어들은 무에서 유를 창조하는 사람들로 시스템의 복잡성을 이해하고 사고하기 때문에 그들은 선호하지만, 일반인들이 보기에는 직관적이지 않은 콘셉트가 많다. 만드는 사람과 만들어진 것을 사용하는 사람의 생각이 일치하지 않으면 고객의 기대와는 다르게 작동하는 완제품이 탄생할 수 있고, 비슷한 다른 문제들도 발생할 수 있다.

이러한 문제에 직면하고 있다면 좋은 회사에 다니고 있는 것이다. 마이크로소프트Microsoft의 문화는 본래 엔지니어링 중심이었지만, 사티아 나델라Satya Nadella가 지휘봉을 잡으면서 흐름이 바뀌었다. 그는 직원 들에게 "표현되지 않았거나 충족되지 않은 니즈를 충족할 수 있는 능 력을 발휘해 주길 바랍니다"라고 구체적으로 요구했다. 주요 단계에서 고객의 의견을 구하고 반영하자 제품 실패의 위험이 크게 줄고 의사 결 정은 신속해졌다. 마이크로소프트의 엑스박스Xbox 사용자 연구 책임자 인 톰 로루소Tom Lorusso는 "고객에게 배우지 않는다면 고객의 니즈를 충 족하는 제품을 만들 수 없을 것입니다. 사용자 연구가 제품 개발 주기 전반에 걸쳐 신뢰를 구축하는 방법이라고 생각합니다."라고 설명했다.

그렇다면 엔지니어링 중심의 디자인 문화를 고객의 피드백과 의견을 반영하여 제품을 만들고 개선하는 문화로 바꾸려면 어떻게 해야 할까?

조언 1: 작게 시작하라

오랜 역사를 지닌 회사에서 엔지니어링 중심의 문화가 지속되는 것 은 매우 흔한 일이다. 이러한 환경에서는 디자인 구축 프로세스에 고객 의 관점을 반영하는 것이 매우 낯설고 어색하게 느껴지기 때문에 꾸준 히 사용자 테스트를 하는 단계까지 가는 데 시간이 걸린다. 바닷물을 끓이려 하지 말고 작은 단계부터 인내심을 가지고 밟아간다.

7장에서 언급했듯이 일반적으로는 개발 프로세스 초기 단계에 테스 트를 진행하는 것이 모범적이다. 하지만 엔지니어링 중심 문화에서는 개발 프로세스의 마지막, 즉 출시에 가까워질 때 사용자 테스트를 수행 하는 것이 좋다. 이렇게 하면 실행 가능하고 직접적인 인사이트를 얻을 수 있으므로 효과적으로 사용자 테스트에 대한 직원들의 태도를 바꿀 수 있다. 엔지니어는 고객의 의견을 반영해 쉽게 실행할 수 있는 중요한 개선을 이루어 낼 수 있고, 작은 성공을 거둘 때마다 사용자 테스트를 긍정적인 결과와 연결 지어 생각하게 된다.

하지만 이 전략은 장기간에 걸쳐 실행해서는 안 된다. 이는 엔지니어링 우선 문화에서 인사이트를 중시하는 문화로 바꾸기 위한 임시방편이며, 사용자 테스트를 디자인 및 개발 초기 단계에 수행하는 문화가 구축될 때까지만 실행해야 한다.

조언 2: 사용자 테스트를 처음 해 보는 직원들에게 필요한 지원을 제공하라

어느 정도 동의를 얻었다면 사용자 테스트로 가는 길에 있는 장애물을 제거하라. 사용자 테스트를 수행하기만 하는 것이 아니라 효율적이고 쉽게 수행할 수 있도록 도와야 한다. 팀이 테스트에 참여할 고객을 찾아 헤맬 필요가 없도록 직접 고객을 모집할 수도 있고, 질문 목록을 제공할 수도 있으며, 특정 지점에서 재사용할 수 있는 테스트 템플릿을 만들어 주거나 성공적인 테스트를 위한 체크리스트를 제공할 수도 있다. 하지만 무엇보다도 이미 수행 중인 작업에 사용자 테스트를 통합할 방법을 찾아야 한다. 완전히 새로운 워크플로우는 무시당하기 쉽다. 협력자가 되어 사용자 테스트를 처음 해 보는 사람들이 성공할 수 있도록 도우라.

조언 3: 사내에서 지지자를 찾아 함께 활동하라

엔지니어들이 제품 관련 결정을 주도하는 조직에도 사용자 피드백을 더 반영하고 싶어 하는 개인이나 집단이 있을 것이다. 변화에 목말라하는 사람들을 찾아 지원받아라. 많은 제품을 동시에 개발하는 회사라면 함께 활동할 팀과 리더를 찾아라. 사용자 테스트의 이점과 테스트를 통해 얻을 수 있는 실행 가능한 인사이트에 대해 목소리를 낼 때 도움을 줄 수 있는 사람을 직접 찾는다.

왜 이렇게까지 해야 할까? 문화적 변화를 일으키는 것은 개인이나 어느 한 팀이 할 수 있는 일이 아니기 때문이다. 이러한 접근 방식에 찬성하는 사람들의 목소리를 증폭시켜야 한다. 조직 전체에 아이디어를 전파하고 변화의 주체가 될 수 있는 사람들이 필요하다. 최고 경영진이 동참하도록 설득할 수 있는 임원급 후원자가 있는 것이 이상적이며, 엔지니어링과 개발 부서의 직원들도 있어야 한다. 사내에서 제품 개발을 주도적으로 이끌고 동료들의 신뢰를 받는 사람이 필요하다. 이런 사람은 조직의 사고방식을 바꾸고, 석회화된 규율protocol을 깨뜨리는 데 중추적인 역할을 할 수 있다.

2016년 와이즈Wise(구 트랜스퍼와이즈)에 사내 최초 질적 연구qualitative research 리서처로 입사한 제니퍼 리Jennifer Lee는 동료들의 지원이 필요하다는 사실을 금방 깨달았다. 그녀는 리서치와 사용자 테스트를 수행하고 인사이트를 업무에 통합하며, 제품 개선을 지원하는 UX 리서처로 채용되었다.

하지만 오늘날 많은 기업이 그러하듯 와이즈 역시 해당 업무를 수행할 인력으로 제니퍼 리 한 명만 채용했고, UX 리서치팀을 확장할 구체적인 계획도 없었다. 그녀를 고용한 디자인 부사장은 디자인 측면에서 더 많은 리서치와 지원이 필요하다는 사실을 인지하고, 엔지니어링과 분석이 중심인 회사에서 어떻게 사용자 테스트를 통합할지 알아보려는 실험으로 그녀의 자리를 마련한 것이었다. 당시 부사장의 계획은 팀이 자체적으로 사용자 테스트를 수행할 수 있을 때까지만 그녀를 팀에 두었다가 지원이 필요한 또 다른 팀으로 이동시키는 것이었다.

하지만 그녀가 맡은 첫 프로젝트는 6개월 동안 하루 10시간을 투입해야 하는 대규모 프로젝트여서 프로젝트에 영향력을 미칠 만큼 팀원들을 설득하기 어려웠고 신속하게 업무를 진행할 수도 없었다. 그녀는 점점 지쳐 갔고, 회사가 추가로 채용한 인원은 모두 그녀의 지원이 필요한 제품팀 직원이었다. 그녀는 자신이 한 팀에 집중하는 동안 다른 팀에는 인사이트를 제공하지 못한다는 사실을 알고 있었다.

제니퍼는 인사이트의 중요성을 회사에 납득시키고, 동료들이 직접 사용자 테스트를 수행하도록 독려하는 두 가지 목표를 동시에 달성해야 한다는 사실을 깨달았다. 그녀는 간편하고 빠르게 인사이트 얻을 수 있는 사용자 테스트 플랫폼을 회사에 도입했다. 2시간 이내에 인사이트를 얻는 것은 획기적인 일이었고, 곧 자체적으로 사용자 테스트를 하고 싶어 하는 팀들이 나타나기 시작했다.

그녀는 급증하는 수요를 관리하기 위해 더 많이 배울 수 있는 교육 세션을 매년 개최했다. 전사 직원을 초대했고 인사팀, 분석가, 엔지니어, 프로덕트 매니저, 디자이너 등 모든 사람이 호기심을 가지고 참석했다. 참석자들은 자신이 사용자 테스트의 실무에 대해 아는 게 거의 없으며, 사용자 테스트로 자신의 업무를 크게 개선할 수 있다는 사실에 놀랐다.

이 전략은 매우 효과적이었고, 사용자 테스트를 지지하는 사람들이 빠르게 늘어나기 시작했다. 이전에 제니퍼와 함께 일했던 팀들이 다른 팀에 자신들의 경험을 이야기하면서 사용자 테스트에 관심을 보이기 시작했고, 테스트로 데이터를 얻는 법을 알고 싶어 하는 팀이 늘어났다.

처음에는 제니퍼 혼자 한 달에 한 번 고객 인터뷰를 수행했지만, 이후 전사적으로 매주 15~30건의 사용자 테스트가 수행되었고, 매달 최소 5~10건의 고객 인터뷰를 진행했다. 제니퍼의 동료 중 50명이 정기적으로 사용자 테스트를 수행하고 있으며, 와이즈의 UX 리서치팀 리서처는 현재 12명이다. 이 사례에서 알 수 있듯이 지지자들과 함께라면 진정한 변화를 일으킬 수 있다.

조언 4: 고객을 기존 프로세스로 유도하라

사용자 테스트, 인사이트 수집, 코스 수정을 일상적인 프로세스로 만들어 성공은 강화하고 변화는 공유하라. 미디어와 플랫폼에서 크고 작은 방식으로 스토리를 공유하여 널리 알린다.

고객 참여와 성과를 개선하는 습관을 길러주는 회사 후무Humu는 고객에게 생명을 불어넣는 인용문이나 영상, 스토리로 제품 회의를 시작한다. 회사는 제품 회의의 성공에 힘입어 정기적으로 열리는 전사 회의에 '고객 공감' 섹션을 도입해 모든 리더에게 사용자 테스트의 가치를 알리고, 고객과 공감대를 형성하여 고객의 피드백을 구현할 기회를 제공했다.

이러한 관행은 부서 간 협업을 위한 기회도 창출한다. 후무의 전 UX 리서치 책임자인 마리케 맥클로스키Marieke McClosky는 말했다. "영업팀에게는 영업팀만의 이야기가 있고, 제품팀의 관점은 또 다르며, 고객 성공팀의 견해도 다르지만, 고객의 이야기에 생명을 불어넣는 프로세스를 통해 모든 의견을 하나로 묶을 수 있습니다."

조언 5: 테스트를 비즈니스 성과와 연결하라

엔지니어(와 프로덕트 매니저)의 성공은 채택, 판매, 고객 참여 등의 지표로 측정하므로 비즈니스에 영향을 미치는 활동의 경우 엔지니어팀이 수용할 가능성이 크다. 사용자 테스트가 긍정적인 반응, 지출 증가, 장기적인 충성도, 입소문 마케팅 등의 지표에 영향을 미치는 요소와 어떻게 연결되는지 설명할 수 있다면, 엔지니어들을 설득하기 훨씬 수월하다. 인사이트가 엔지니어와 회사가 성공하는 데 어떻게 도움이 되는지만 보여 주면 사용자 테스트는 선택이 아닌 필수가 될 것이다.

사용자 테스트 담당 팀이 있는 경우...

이미 정기적으로 사용자 테스트를 진행하는 회사는 테스트를 수행하는 핵심 인력이 있을 수 있다. 테스트를 수행하기 위한 공식적인 훈련을 받은 이들은 테스트가 자신들만의 고유한 업무라고 생각할 수도 있다. 회사 전체가 인사이트의 중요성을 깨닫게 되면 사용자 테스트에 대한 수요가 발생하고, 전문가 집단이 아닌 직원들이 일부 작업을 수행해야 한다. 수년간 관련 기술을 개발해 온 전문가들은 훈련받지 않은 동료들의 오류나 편견이 의도치 않게 개입되는 것을 우려해 다른 팀에서 테스트를 수행하는 것을 완강히 거부할 수 있다.

이런 상황에서는 이들의 전문성을 활용하는 동시에 다른 팀도 사용자 테스트를 망치지 않고 대화를 통해 고객의 의견을 수렴할 수 있다는 사실을 보여 줘야 한다. 사용자 테스트로 알아낸 사실과 고객의 관점이 비즈니스 전반에 미치는 영향을 이들에게 보여 줄 수 있다면, 이들은 약간의 통제권을 포기해야겠지만 안심할 것이다.

조언 1: 전문가 팀을 동맹으로 만들라

먼저 이 집단이 매우 가치 있는 전문 지식을 보유하고 있다는 사실을 인정하라. 이들에게 무작정 모든 사람이 사용자 테스트를 수행할 수 있도록 허용해야 한다고 말해서는 안 된다. 이들에게 사용자 테스트를 수행하는 법을 교육하라고 하는 것은 더 좋지 않은 방법이다. 사교성을 발휘해 그들의 지원과 의견 없이는 유효한 사용자 테스트를 할 수 없다

는 점을 강조하라. 고객과 직접 대화할 수 있는 사람의 범위를 넓히되,
이해관계자를 참여시켜야 한다는 점을 명심한다.

당신의 프로세스와 니즈를 핵심 인력이 이해할 수 있어야 한다. 당
신에게는 사용자 테스트를 업무 흐름에 맞게 개선하고 조정할 아이디
어가 있고, 이들은 경험을 바탕으로 언제 어디서 인사이트를 얻을 수
있는지에 대한 전문 지식을 갖추고 있을 것이다. 그러니 당신의 계획을
알리고 업무 프로세스를 개선하는 데 필요한 도움을 요청하라.

조언 2: 성과에 관계자들을 포함하라

고객 사례를 전사적으로 공유하거나 발표할 때 관계자들에게 감사
를 표시하라. 그리고 이들이 자신의 업무 성과와 가치를 말할 수 있도
록 돕는다. 특히 신생 기업일수록 눈에 잘 띄지 않는 그룹이 있기 마련
이므로 회사의 관심과 칭찬을 받을 수 있게 도우면 호감을 살 수 있다.

설문조사, 인터뷰, 기타 고객 조사를 수행하는 사람들은 종종 결과
보다 효율성으로 평가받는다는 점도 명심해야 한다. 사용자 테스트 관
계자들을 대화에 참여시키면 그들이 조직 내에서 공을 인정받는 데 도
움을 줄 수 있다. '이 그룹에서 권장하는 기술로 사용자 테스트를 수행
하여 수집한 정보를 바탕으로 출시한 신제품'이라고 하는 것은 해당 그
룹의 위신을 높여줄 수 있다.

조언 3: 사용자 테스트 관계자들을 지속 지원하라

사용자 테스트 전문가들은 누구나 사용자 테스트를 수행할 수 있는 문화로 전환되는 것이 두려울 수 있다. 결과를 왜곡하고 데이터를 잘못 표현하는 것이 얼마나 쉬운지 잘 알고 있기 때문이다. 이들은 자신의 의견을 검증하려고 사용자 테스트를 시행하는 팀이 생기는 것을 우려한다. 정교하게 만든 작품이 망가지는 것을 지켜보는 일은 어렵다.

이러한 우려를 덜어주려면 전문가들에게 멘토 역할을 맡기면 된다. 전문가와 이제 막 사용자 테스트 프로세스를 배우기 시작한 사람을 짝지어 주고, 테스트 계획에 대한 전문가 그룹의 의견을 구하는 승인 절차를 만들어라. 튜토리얼이나 가이드북을 작성할 계획이라면 콘텐츠 제작과 편집에 전문가 그룹을 투입한다. 이 그룹은 좋은 의도로 사용자 테스트를 지키려는 것이다. 그 본능을 이용해 참여를 끌어낸다.

최고 경영진이 동의하지 않는다면...

경영진은 여러 가지 이유로 지속해서 사용자 테스트와 인사이트 수집을 수행하는 문화적 변화를 지지하지 않을 수도 있다. 과거에 이는 더디고 비용이 많이 드는 작업이었다. 이제는 더 이상 그렇지 않지만, 경영진은 여전히 비용과 효율성에 대한 우려를 표시할 수 있다.

또한 빅데이터 수집에 드는 비용을 잘 알고 있으므로 더 많은 고객 데이터를 수집할 필요성에 의문을 제기할 수도 있다. 각자의 배경과 관점에 따라 고객은 스스로 무엇을 원하는지 모른다고 믿거나, 중요한 결정은 대중과 상의하기보다 내부 전문가에게 맡기는 것이 안전하다고 보는 비즈니스 리더도 있을 것이다.

그렇다면 어떻게 경영진을 설득해야 할까?

조언 1: 경영진에게 세부적인 내용을 일일이 설명하지 말라

경영진은 일정이 빡빡하고 한 가지 사안에 오래 집중할 수 없으므로 사례와 절차를 최대한 생략하고, 사용자 테스트 결과와 설득력 있는 인사이트에 집중해야 한다. 50쪽에 달하는 보고서 대신 1장짜리 보고서, 사용자 테스트의 영상, 간단하고 이해하기 쉬운 자료를 제시하라. 인사이트가 회사에 미친 긍정적인 영향을 보여 주고, 감동적이고 기억에 남을 만한 진정성 있는 내용을 전달한다.

조언 2: 경영진이 고객과 정서적 유대감을 형성할 수 있게 도와라

경영진에게 세부 사항을 일일이 설명하지 않는 것도 도움이 될 수 있지만, 반대로 경영진이 실제 프로세스가 작동하는 모습을 관찰할 수 있게 하는 것도 도움이 될 수 있다. 사용자 테스트에 정서적으로 공감하지 못해 지지하지 않을 수 있기 때문이다. 경영진을 세션에 참석하게 하거나, 감동을 주는 영상을 보여 주거나, 감정을 자극하는 사용자 테스트를 접하게 하면 동의를 얻는 데 큰 도움이 될 것이다.

실제 고객을 관찰한 경영진이 마음을 바꿀 수도 있다. 특히 감정을 고조시키는 상황이 발생하는 경우 더욱 그러하다. 은퇴, 결혼, 자녀의 대학 진학이 가장 먼저 떠오르지만, 두드러진 상황 외에도 감정이 격해질 만한 상황은 많다. 상황에 따라 일상적인 활동이나 경험도 감정을 일으킬 수 있고 사람들이 기뻐하는 모습, 새로운 기능에 본능적으로 반응하는 모습, 작업을 완료하지 못하고 속상해하는 모습 등은 경영진이 사용자 테스트의 중요성을 이해하는 데 영향을 미친다.

이 책의 공동 저자인 자넬Janelle은 개인적인 경험을 통해 이 사실을 잘 알고 있다. 그녀는 한 통신 사업자와 함께 고객이 직접 케이블박스를 설치하게 하는 새로운 콘셉트에 사용자 테스트를 시행했다. 이 회사는 웹 사이트에서 사용자에게 설치 과정을 안내하고, 고객의 가정에 파견하는 기술자의 수를 줄여 비용을 절감할 수 있기를 희망했다. 회사는 다양한 집단의 고객을 초대해 이 아이디어에 대한 전반적인 반응을 보고, 제공된 지침이 자가 설치가 가능할 만큼 명확한지 확인하기 위해 테스트를 진행했다.

자넬은 담당 팀과 회사의 리더들과 함께 실험실 안을 들여다볼 수 있는 반투명 거울 뒤에 앉아 사용자 테스트 참가자들을 관찰했다. 참가자들은 자가 설치 제안에 다양한 반응을 보였고, 지침에 대해 유용한 피드백을 해 주었는데, 한 노인이 들어오자 모든 것이 바뀌었다. 그녀는 설치 지침이 있는 웹 페이지를 띄웠고, 사회자는 지침이 명확하지 않거나 헷갈리지 않는지 물었다. 그런데 그 순간 그녀가 울기 시작했다. 그녀는 남편이 한 달 전에 세상을 떠났는데, 이런 일은 원래 남편이 해 주었다고 말하며 거듭 사과했다.

그녀는 눈물을 흘리며 "전에는 이런 일을 혼자 해 본 적이 없어요."라고 설명했다.

거울 뒤에서 어색한 침묵이 흘렀다. 그녀의 반응을 본 모두가 놀라고 충격받은 상태였다. 자넬은 직원들이 고객에게 직접 설치하도록 요청하는 계획을 재검토하려는 것을 느꼈다.

자넬은 이 여성의 솔직한 반응을 본 모두가 이 경험을 잊지 못하리라 생각했다. 이 경험이 고객을 바라보는 리더들의 시각에도 영향을 끼쳤을 것이라는 생각이 들었다. 사용자 테스트 중에 진실한 감정을 불러일으키는 현장을 직접 목격하면, 경영진은 고객을 비로소 '사람'으로 인식하게 된다. 이러한 경험들은 시간이 지나면서 고객에 대한 지식과 내러티브로 축적된다.

조언 3: 노력을 비즈니스 성과로 연결하라

비즈니스 리더의 성과는 지표를 통해 측정되므로 리더들이 중요하게 생각하는 것과 사용자 테스트를 연결하라. 이렇게 사용자 테스트의 가치와 힘을 보여 주어야 한다. 스토리텔링과 사례 연구를 통해 통계와 양적 결과를 하나의 이야기로 엮어 설명하는 것을 추천한다. 그러면 장애물이 무엇이었고, 고객이 어떤 해결책을 제안했고, 개선 조치가 어떻게 매출을 촉진하고 고객 만족도를 높였는지 보여 줄 수 있다.

조언 4: 이해관계자를 이해하라

에릭슨Ericsson의 최고 고객 책임자인 타비사 던Tabitha Dunn은 고객을 이해하는 것처럼 이해관계자도 이해할 것을 강력히 권한다. 그녀는 시트릭스Citrix, SAP, 제록스Xerox, 필립스Philips 등 여러 회사에서 고객 경험 사례를 구축했고, 경영진의 의사 결정 스타일과 고유한 사고방식에 맞게 프레젠테이션을 구성해야 경영진의 동의를 얻을 수 있다는 사실을 잘 알고 있다.

그녀는 "고객 경험 관련 역할을 성공적으로 수행하려면 두 가지를 고려해야 합니다. 첫 번째는 고객이 왜 그런 행동을 하는가이고, 많은 사람이 간과하는 두 번째는 직원들이 왜 그런 일을 하는가입니다. 여기에는 팀원, 리더 등 회사의 모든 사람이 해당합니다."라고 말했다.

던은 경험의 어느 부분에 문제가 있는지 보여 주는 고객 여정 지도 등의 자료를 가지고 나타난 동료들이 문제 해결에 필요한 경영진의 지원을 받지 못해 지쳐버리는 모습을 봤다. 그녀는 경영진의 지원을 받지 못한 이유가 리더를 대상으로 하는 프레젠테이션을 준비할 때 우선순위, 투자 관행, 팀이나 리더의 사고방식은 고려하지 않고 고객의 관점만 강조했기 때문이라고 생각한다.

그녀는 "동료와 리더를 고객과 다르게 대하는 이유가 무엇입니까?"

데이터의 함정

라고 반문한다. "고객에 대한 인사이트를 도출하는 기술을 사내에서도 활용해서 주요 이해관계자에 대한 인사이트를 도출하면 성공적인 변화를 일으킬 수 있습니다."라고 설명했다.

저항에 직면하거나 오해를 받는다면...

진정한 풀뿌리 운동은 포용적이다. 관련된 모든 사람이 변화의 가치를 이해하고 진심으로 지지한다는 뜻이다. 따라서 고객 서비스팀이나 회계팀이 인사이트에 무관심하거나 인사팀이 사용자 테스트는 비용이 많이 드는 낭비라고 생각한다면, 일은 아직 끝나지 않았다. 특히 사용자 테스트의 가치를 인식하지 못하는 사람들이 저항하는 일은 흔히 발생한다. 복잡하고, 느리고, 지루하며, 숙련된 전문가만 수행할 수 있는 작업이라고 생각하거나 자신에게 도움이 되지 않는 정보만 얻을 수 있다고 생각하는 사람도 있다. 또 인사이트를 바탕으로 무언가를 하기에는 인사이트가 너무 늦게 도출되는 것은 아닌지 우려하는 사람도 있다. 사용자 테스트에 사람들이 의구심을 갖는 것은 드문 일이 아니다.

이러한 의구심은 반드시 떨쳐 버려야 회사 전체가 인사이트의 가치를 알고 이해할 수 있다. 사용자 테스트에 반대하는 사람들이 바뀌어야 진정한 문화적 변화를 일으킬 수 있기 때문이다. 이들의 마음을 바꾸는 방법은 다음과 같다.

조언 1: 주저하는 사람들을 인사이트 소비자로 만들라

원하면 부서에서 자체적으로 사용자 테스트를 수행할 수 있도록 하되, 수집된 인사이트를 다른 사람들도 소비할 수 있다는 점을 명확히 하는 게 좋다. 테스트를 직접 하지 않은 사람들도 사용자 테스트의 영상을 보고, 회의에서 이야기하고, 원하는 대로 결과를 활용할 수 있어야 한다. 사용자 테스트를 통해 얻을 수 있는 고객 의견의 가시성을 높이고 노출하여 사람들이 사용자 테스트를 갈구하게 하라.

그리고 사용자 테스트에 대한 의존도를 높여 테스트에 주저하던 사람들이 테스트를 고대하도록 만들어야 한다. 이에 대한 방안으로 새로운 이니셔티브를 시작할 때마다 사용자 테스트 영상을 공유할 수도 있다. 경쟁사 평가를 진행할 때는 흥미로운 부분에 태그를 지정하여 배포하고, 회의실이나 공개된 장소에 사용자 테스트 영상을 실시간으로 스트리밍하라. 직접 사용자 테스트를 하지 않은 직원도 테스트 결과, 의견, 피드백에 접근할 수 있도록 허용해서 참여하는 느낌을 받도록 하는 것이다.

조언 2: 가장 중요한 결과를 강조하라

사람들이 사용자 테스트를 꺼리거나 저항하는 경우, 쉽게 이해할 수 있도록 해 주어야 한다. 많은 양의 영상이나 보고서를 볼 필요가 없도록 흥미로운 결과를 선별하여 맨 위에 표시하라. 관련성이 높거나, 예상치 못한 정보, 중요한 정보는 즉시 알아볼 수 있게 만든다.

조언 3: 주저하던 사람도 쉽게 참여할 수 있게 하라

사내 문화가 변하면 사용자 테스트를 거부하던 사람도 호기심을 갖게 된다. 고객과 직접 소통할 수 있는 간단하고 접근하기 쉬운 방법을 만들거나 추가적인 인사이트에 쉽게 접근할 수 있도록 지원하면 이들을 적극적인 지지자로 만들 수 있다. 장벽을 허물고 사용자 테스트를 수행하거나 지켜볼 기회를 제공하라.

마이크로소프트는 노트북으로 가득 찬 방을 마련하고, 노트북으로 실제 고객과 영상으로 연결할 수 있는 '스피드 데이트'라는 프로그램을 운영했다. 누구든 방에 들어와 앉으면 고객과 연결할 수 있었다. 직원들은 나타나기만 하면 됐다.

철학적 변화나 행동적 변화가 그룹에서 그룹으로, 부서에서 부서로, 사업부에서 사업부로 유기적으로 확산되는 것은 자연스러운 속도로 변화가 이루어지고 있다는 사실을 의미한다. 사용자 테스트를 수용하라고 동료들을 설득하는 데 어려움이 있더라도 압도당하지 말라. 풀뿌리 운동으로 기업 문화를 변화시키는 것은 더딜 수 있지만, 지속 가능한 변화를 시작하는 매우 효과적인 방법이다.

또한 고객의 의견을 중시하라는 말을 상부에서 갑작스럽게 내려오는 전적인 명령으로 느끼는 사람은 없다. 변화에 대해 숙고하고, 변화의 이점을 고려한 직원이라면 강요가 아니라 자발적으로 자신의 업무에 변화를 통합할 것이다. 이러한 분위기는 강력한 힘을 발휘한다. 이와 같은 분위기가 형성되기 시작할 때는 사용자 테스트를 중시하는 경영진이 나서서 위에서 아래로 문화적 변화를 주도하기에 완벽한 시기다.

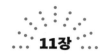

11장

하향식

경영진은 어떻게 변화를 지지하고 이끌 수 있는가

임원이나 창업자 또는 비즈니스 리더라면 월마트 창립자인 샘 월튼이 예고 없이 매장을 방문해 직원들과 복도를 걸으며 대화했다는 이야기를 들어본 적이 있을 것이다. 이 이야기는 사실이며, 이처럼 공감에 투자하는 일은 매우 드물기 때문에 전설이 되었다.

대부분의 최고 경영진은 고객이나 직원에 대한 이해나 소통을 우선 순위에 두지 않으며, 이는 이해할 만한 일이다. 그들의 시간은 극도로 제한되어 있으므로 우선순위는 무자비하게 정해진다. 비즈니스 세계가 점점 디지털화되고, 고객이 자신에게 서비스를 제공하는 기업으로부터 계속 멀어지고 있는 요즘은 더욱 그러하다.

하지만 과중한 업무량에도 불구하고 고객을 최우선으로 둘 방법을 찾아내는 사람들이 있다. 이들은 시간을 쪼개어 사용자의 목소리에 귀를 기울이고 고객의 피드백을 수용한다.

좋은 사례가 있다. 얼마 전 샌프란시스코 사무실에서 한 홈퍼니싱 소매업체 CEO를 만났다. 그는 번잡한 사무실 구석에 있는 넓고 통풍이 잘되는 공간에서 일하고 있었다. 그와 함께 소파에 앉아 고객과의 소통의 중요성을 이야기하면서, 그가 이를 이해하고 있을 뿐만 아니라 실제로 실천하고 있다는 사실을 알 수 있었다. 그는 책상에서 편지 한 통을 꺼내 우리에게 보여 주었다. 소파를 구매한 노부부가 직접 보낸 세 쪽 분량의 손 편지였다. 편지에는 배송업체가 늦었고 무례했으며, 소파를 집 안으로 들여오는 과정에서 벽에 흠집을 냈다는 내용이 쓰여 있었다. 부부는 매우 화가 난 상태였다.

종이를 넘기며 실망한 표정으로 찬찬히 편지를 들여다보는 그의 모습을 지켜보았다.

"이번 일 때문에 미치겠어요. 이건 있을 수 없는 일입니다. 이 문제는 고쳐야 해요."

비즈니스 리더의 낙담한 모습을 기대한 것은 아니지만, 구매자의 경험에 진심으로 걱정스러운 반응을 보인 것은 매우 놀라운 일이었다. 그는 노부부와 같은 고객의 의견을 듣기 위한 메커니즘을 만든 것이 분

데이터의 함정

명했다. 그는 사용자들의 우려가 자신의 책상으로 전달되기를 바랐다. 자신의 회사에서 제품을 구매한 사람들이 무엇을 좋아하고, 무엇을 싫어하는지, 그리고 무엇을 바꾸고 싶어 하는지 알고 싶었던 그는 고객과 소통할 수 있는 문화를 지원했다.

그는 모범을 보이기 위해서 적극적이고 의도적으로 공감을 자신의 역할로 받아들였다.

많은 CEO와 부사장이 그의 방식을 따르고 싶어 한다는 사실을 알고 있다. 그들은 샘 월튼을 본받아 '복도를 거닐며' 최종 사용자에 대한 이해를 키우고 직원들을 알아 가고 싶어 한다. 고객의 불만에 직접 응답하거나 직원들이 직면한 문제가 무엇인지 묻고 싶을 것이다. 다만 시간이 부족할 뿐이다.

그것이 바로 11장을 작성한 이유라고 할 수 있다. 경영진이 고객에게 공감하면서 다른 업무나 야근, 주말 근무를 하지 않아도 고객 중심의 기업 문화를 구축하는 방법은 여러 가지가 있다.

고객 충성도를 확보하고 시장 점유율을 높이는 뛰어난 고객 경험을 꾸준히 제공하기 위해서는 경영진과 리더가 사용자 테스트를 지지하고, 미사여구와 말뿐인 약속을 넘어 의미 있는 행동으로 고객 중심주의를 지원해야 한다. 더불어 인사이트를 찾고, 수집하고, 행동하는 문화적 움직임을 진심으로 후원해야 한다.

문제는 '어떻게 하느냐'이다.

리더로서 사용자 테스트를 유기적이고 일관되게 지원하는 문화를 어떻게 조성할 수 있을까? 회사의 모든 직원이 고객을 이해하고, 공감하며, 이러한 이해와 공감을 바탕으로 일하게 하려면 어떻게 해야 할까? 다음은 시작을 위한 조언이다.

조언 1: 전사적으로 고객의 언어로 소통하라

'고객 중심'이라고 외치는 것만으로는 충분하지 않다는 사실은 이미 앞에서 언급했지만, 사용하는 언어는 중요하므로 고객의 의견을 중시한다고 말하는 것은 중요한 출발점이다. 모든 직급의 사람들이 사용하는 언어에 고객의 니즈, 피드백, 이해를 반영하는 것은 느리지만 확실히 직원들의 사고방식에 영향을 미칠 것이며, 회사의 어휘를 바꾸는 일은 비즈니스 리더가 쉽게 지원할 수 있는 이니셔티브이다.

모든 직급의 직원에게 영향을 주는 회사의 사명선언문과 기업이 추구하는 가치에 고객에 대한 문구를 넣는 것이 좋다. 고객의 요구, 아이디어, 피드백, 욕구, 삶에 초점을 맞춘 능동적인 언어를 사용하라.

그다음 언어의 변화를 행동으로 뒷받침하라. 말만 할 게 아니라 회사의 모든 직원에게 실천할 기회를 부여하라!

조언 2: 지속적인 고객 중심 캠페인을
주도적으로 펼쳐라

회사의 DNA에 고객 중심 언어를 각인하고, 직원들이 고객의 말에 경청하고 배우는 방법을 마련했다면, 이 두 가지의 중요성을 강조하라. 회사의 가치를 반복해서 말하고, 사명을 언급하고, 직원들에게 당신이 만든 프로그램을 활용하라고 상기시킨다. 회사의 리더로서 고객 중심을 최우선으로 두기 위한 지속적인 캠페인을 주도적으로 펼쳐라.

그런 다음 스토리텔링을 통해 고객의 목소리를 증폭시켜 중요도가 높은 메시지를 강조한다. 모든 회의를 사용자 테스트의 영상이나 제품에 대한 고객 경험으로 시작하라. 그리고 사내 뉴스레터에 고객 피드백을 포함하라. 사용자 테스트를 수행하는 팀에게 테스트 결과를 가능한 한 자주 더 많은 사람과 공유할 것을 권장한다.

그다음은? 사용자 테스트 관계자들에게 책임을 지워 테스트와 피드백의 중요성을 강조한다.

조언 3: 모든 직급이 고객과 직접 소통하도록
방법을 마련하라

유저테스팅이 2020년 발간한 고객 경험 산업 보고서에 따르면, 직원의 33%만 조직이 고객 경험에 대해 능동적으로 접근하고 있다고 답했다. 많은 리더가 고객 경험의 중요성을 강조하지만, 실제로 팀은 고객 중심적으로 움직이지 않는다. 여기서 의도적인 변화를 시도하고 말과 행동의 간극을 좁히는 프로그램에 자금을 지원할 수 있다.

테스코뱅크Tesco Bank의 고객 디자인 책임자인 캐서린 리처즈Catherine Richards는 모든 부서에 사용자를 초대하여 피드백을 공유하는 프로그램을 마련하여 전략적 창의성을 발휘하는 본보기를 보였다. 리처즈는 "약 4년 전, 고객과 직접 시간을 보내는 '고객 수요일Customer Wednesdays' 제도를 도입했습니다. 고객을 회사로 초청해 함께 앉는 것은... 매우 새로운 시도였습니다. 하지만 고객에 대한 장벽을 낮추고 고객과 진정으로 소통하고 싶었습니다."라고 말했다.

고객 수요일은 내부적으로 중요한 변화를 불러왔다. 우선 디자인팀의 역할이 바뀌었다. 한때 디자인팀은 다른 부서를 지원하는 부서로 여겨졌지만, 고객의 의견이 회사 전반에 반영되기 시작하면서 새로운 제안, 제품, 물리적 공간을 만들 때 디자인팀이 핵심부서가 되었다. 2020년에 이루어진 고객 대면 세션은 90회였는데, 이는 고객과 18일을 함께 보낸 것과 마찬가지인 숫자였다. 고객 수요일에는 다양한 방식의 사용자 테스트가 수행되었고, 테스코뱅크는 비즈니스에 적용되는 새로운 인사이트가 매년 약 50건 정도 축적된다고 보고했다. 회사의 규모, 업종, 예산에 따라 접근 방식은 다소 다를 수 있지만, 직원들에게 고객과 소통하고 피드백을 요청할 기회를 제공하는 방법은 여러 가지이다.

간단하고 쉬운 방법을 선택하라.

조언 4: 고객 중심적 행동과 성과 기준을 연결하라

이 단계는 리더로서 말만 하는 것을 넘어서는 단계이다. 고객 중심적인 행동과 사용자 테스트 시행을 채용이나 성과 평가에 연계하는 것은 급진적으로 보일 수 있지만, 그렇게 함으로써 회사의 비즈니스 수행 방식이 바뀔 것이라고 보장한다.

많은 조직이 직원들에게 분기마다 고객과 소통하는 데 일정 시간을 할애하라고 요구하며, 적어도 한 달에 수 시간은 고객에 대해 학습하는 데 투자하라고 요청하고 있다. 고객을 관찰하거나 사용자 테스트를 시행해도 되지만, 고객과 소통할 수 있는 다른 방법도 있다. 지원 부서의 직원들이 고객을 돕는 모습을 관찰하거나 들은 내용에 대해 질문할 수도 있다. 고객과 직접 대화하고, 질문하고, 대면 또는 영상으로 고객의 경험을 인터뷰할 수도 있다. 이러한 회사 정책은 고객과의 소통을 '하면 좋은 일'이 아닌 '반드시 해야 할 일'로 만든다.

리더로서 오리엔테이션 과정에서 고객의 역할에 관한 질문을 던질 수도 있다. 온라인 카탈로그 소매업체인 언커먼굿즈Uncommon Goods의 설립자이자 CEO인 데이비드 볼로츠키David Bolotsky는 입사하는 모든 직원에게 질문을 던진다.

"저는 회사에서 고용하는 모든 사람을 만납니다. 고객 서비스 팀원, 창고 팀원 등 모든 사람을요. '언커먼굿즈의 상사가 누구죠?'라는 질문을 하면, 직원들은 저를 가리킵니다. 그러면 저는 '아니요, 돈입니다. 여러분의 월급에 제 이름과 서명이 찍혀 있기는 하지만, 여러분이 받는 돈은 제 돈이 아닙니다'라고 대답하죠. 결국 직원들은 자신의 월급이 고객의 돈이고 자신의 상사가 고객이라는 사실을 깨닫게 됩니다. 저는 진심으로 모두가 고객을 위해 일한다고 믿습니다. 언커먼굿즈는 입소문과 재구매에 의존하고 있어요. 그러니 고객을 만족시켜야 합니다. 그런데 그 경험은 누가 관리할까요? 바로 우리가 합니다."라고 말했다.

마지막으로 직원들은 인정받고, 인센티브를 받고, 축하받는 일을 우선시하므로 뛰어난 고객 경험을 창출하고 지원하는 직원에게는 인센티브를 제공하는 것이 좋다. 보상은 금전적 보상이 될 수도 있고, 유급 휴가나 기프트 카드, 상품이 될 수도 있다. 보상받은 직원과 팀에게 회사가 그들의 기여를 얼마나 소중히 여기는지 알리고 동료들은 더 노력할 수 있도록 격려하라. 일부 기업에서는 이러한 프로그램을 발전시키기 위해 동료 포상 제도를 도입했다. 이 제도를 통해 직원들은 감사의 메시지를 보내고, 회사의 가치에 모범이 되는 동료를 추천하며, 추천을 받은 사람은 추첨을 통해 상품을 받는다.

이제 고객 중심을 책임과 연계했으니, 직원들이 사용자를 업무의 중심에 두는 메커니즘을 구축하라.

데이터의 함정

조언 5: 팀에 올바른 솔루션을 제공하라

비즈니스 리더는 직원들이 고객에게 올바른 서비스를 제공하도록 프로토콜과 정책, 자금으로 지원해야 한다. 다시 말해 사용자 테스트에서 수집한 정보를 바탕으로 소통하고, 이해하고, 협업하고, 활용할 수 있는 플랫폼을 만들어야 한다. 예를 들면 공유 리소스, 사용자 테스트의 영상이나 주요 결과를 검색하고 볼 수 있는 인트라넷 페이지 등을 만들 수 있다.

이는 데이터베이스를 넘어 직원들이 최고 수준의 고객 서비스를 제공하기 위해 활용할 수 있는 능동적인 프로세스를 정착시켜야 한다는 의미이기도 하다. 중고차 소매업체 카맥스CarMax는 혁신과 고객 만족을 모두 강조하기 위해 내부 구조를 개편했다.

카맥스의 CMO인 짐 리스키Jim Lyski는 "고객이 좋아하고 비즈니스 성과를 창출하는 솔루션을 찾을 소규모 교차 기능팀을 조직했습니다. 이 팀들은 조직 내에서 스타트업처럼 운영됩니다. 목표는 속도와 저비용이며, 이는 낮은 위험으로 연결되죠. 배우고 다듬고 다시 이 프로세스를 반복합니다. 빠른 학습과 피드백을 통해 최대한 빨리 소비자 참여를 유도하는 것이 목적입니다."라고 말했다.

기억에 남는 고객 경험을 창출할 만한 기회를 포착한 직원이 적합하다고 판단할 때 유연하게 조치할 수 있도록 자금을 마련해 지원하는 회사도 있다. 더 리츠 칼튼The Ritz-Carlton 호텔은 고객 서비스와 고객을 위해 큰 노력을 기울이는 직원들을 고용하는 것으로 유명하다. 하우스 키핑부터 관리직에 이르기까지 모든 직원이 고객의 문제를 해결하거나 고객을 만족시키는 데 상사의 허락 없이 고객 한 명당 하루에 최대 2,000 달러를 사용할 수 있다. 리츠 칼튼의 리조트 시설 도브 마운틴처럼 특별한 사례에서 이를 확인할 수 있다.

두 살배기 아이를 키우는 한 가족이 리조트에서 주말을 보냈다. 엄마는 공항으로 떠나기 위해 짐을 챙기다가 아들이 좋아하는 토마스 기차 장난감이 없어졌다는 사실을 알아차렸다. 엄마는 리츠 칼튼의 일선 직원인 제시 롱Jessy Long과 네이선 클리프Nathan Cliff에게 토마스 기차는 아들이 가장 좋아하는 장난감이며, 분실하면 아들이 큰 상처를 받을 것이라고 상황을 설명했다.

두 직원은 잃어버린 토마스 기차를 찾는 데는 실패했지만, 이 일이 손님에게 중요한 일이라고 판단하여 합당한 조치를 내리기로 의견을 모았다. 고객이 집으로 돌아가는 비행기를 타기 위해 호텔을 떠난 뒤에 두 직원은 장난감 가게로 차를 몰고 가서 아이를 위해 똑같은 장난감을 구매했다. 그런 다음 토마스 기차의 말투로 혼자 남겨진 토마스가 달콤한 휴가를 보내고 있다는 이야기를 편지로 작성했다. 편지에는 토마스가 리츠 칼튼 호텔을 둘러보고, 리츠 칼튼 주방에서 요리하는 모습(머리에 종이로 된 미니어처 요리사 모자를 쓰고 있는 모습) 등 사랑스러운 사진들도 함께 담았다. 토마스 기차 장난감이 없어진 지 나흘 뒤, 호텔에서 보낸 기차 장난감이 페덱스FedEx를 통해 도착했다. 놀란 가족들은 그 이후로 기회가 있을 때마다 이 추억을 화제로 삼아 이야기를 나누고 있다.

2017년에 펫스마트PetSmart에 인수된 츄이Chewy도 좋은 사례다. 츄이의 어느 고객은 매월 개 사료를 배송받고 있었다. 반려견이 세상을 떠난 뒤에도 사료가 배송되었고, 그에게 사료는 더 이상 쓸모가 없었다. 그는 회사에 연락하여 반품을 요청했다. 회사는 환불을 해준 뒤 고객에게 사료를 회사로 돌려보내지 말고 기부해 달라고 요청했다. 며칠 후, 그는 회사로부터 사랑하는 반려견의 유화 그림과 손글씨로 작성된 위로의 카드를 받았다. 짐작하건대, 그 고객은 츄이의 평생 고객이 되었을 것이다.

조언 6: 끊임없이 고객의 의견과 피드백을 구하라

회사의 리더는 아이디어와 행동을 확산시키는 데 큰 역할을 하므로 회사가 제공하는 경험에 대해 탐구심을 가지는 모범을 보여야 한다.

한 소셜 네트워킹 서비스의 CPO는 거의 모든 서비스에 대해 사용자 의견을 수집하는 것을 매우 중요하게 생각했다. 그녀는 팀이 새로운 아이디어를 제안하거나 새로운 기능을 출시할 때마다 물었다. "사용자 테스트는 했나요? 사람들은 무엇을 좋아했나요? 고객들은 이것에 대해 뭐라고 말했나요?"

아주 간단해 보이는 질문들이지만, 회의에서 이러한 질문을 던져 일상적인 질문으로 만들고, 모든 프로세스에서 예상할 수 있는 질문으로 바꾸는 것만으로 막대한 영향을 끼치게 된다. 이러한 질문들을 팀원들에게 자주 던져라. 새로운 제품이나 서비스를 검토할 때마다 "사용자들은 어떻게 생각하나요?"라고 물어라.

그리고 '경청'하라. 결과가 좋지 않아 모든 것을 폐기하고 원점으로 돌아가는 것도 고객을 최우선으로 생각한다는 증거이다. 고객 의견에 대해 아무런 조치를 하지 않는다면, 의견을 수집한 것부터 시간 낭비가 되어 버린다. 솔직한 피드백을 소중히 여긴다는 것을 내부 이해관계자와 고객에게 보여 주면 공감을 바탕으로 고객 중심 문화를 구축하는 데 성공할 수 있다.

마지막으로 고객 의견을 수집하는 데 직접 참여하라.

조언 7: '진심'으로 고객의 입장에서 생각하라

고객이 경험을 좋아하거나 싫어하는 모습을 영상으로 보는 것과 사용자 테스트를 직접 실행해 보는 것에는 큰 차이가 있다. 진심으로 모범을 보이고 싶다면 사용자 테스트에 기꺼이 참여해 인사이트를 얻어야 한다. 고객과 '직접' 대화를 나누고 그 결과를 회사와 공유하라. 이는 고객의 의견을 반영하려는 노력을 보여 주는 아주 중요한 행동이다.

가능하면 사용자 테스트에도 참여하라. 자사의 고객이 되어 자사의 서비스를 테스트해 보는 것이다. 가능하면 정기적으로 테스트에 참여하고, 동료 리더들에게도 같은 방식으로 테스트에 참여할 것을 권장하라.

포춘지 선정 50대 소매업체 중 한 곳은 '월간 온라인 스토어 산책 Monthly Online Store Walk'을 개최하여 리더가 사용자 테스트의 대상이 되어 테스트에 참여하고 직원들은 이를 참관한다. 테스트는 한 달에 한 번 시행되며, 테스트 대상 프로젝트를 담당하는 선임 관리자나 이사, 또는 리더가 쇼핑 경험 과정을 화면에 공유한다. 첫 번째 세션에서 프로덕트 매니지먼트 이사는 집 2층의 손잡이를 바꾸고 싶어 했다. 그는 모바일 사이트에서 가족과 처음 이사를 왔을 때 구매한 1층의 손잡이와 비슷한 제품을 검색했다. 그런 다음 원하는 손잡이 유형(옷장용 단면 손잡이, 욕실용 잠금식 손잡이 등)을 선택하는 프로세스를 거쳤다.

이 세션에 참석한 한 직원은 구매 내역 누락부터 제품의 세부 정보가 불일치한 것까지 단계마다 문제가 발견되어 거짓말 같았다고 한다. 이 세션에는 50명 이상의 직원이 참석했다. 그리고 소문이 퍼지면서 다음 세션에는 첫 번째 세션보다 4배 많은 직원이 참석했다.

"한 주간의 업무를 마친 금요일 오후에 진행되는 '월간 온라인 스토어 산책'은 사내에서 인기가 매우 높습니다. 이 모임은 형식적이지 않으면서 재미있고 자조적이며, 공감대를 형성할 수 있게 설계되었습니다. 그 누구도 그 자리를 부담스러워하거나 평가받는 기분을 느끼지 않아요. 누구나 리더와 얼굴을 마주할 기회를 좋아하고, 리더는 자신이 책임지고 후원하는 경험에 몰입합니다. 나중에 직원들 간의 대화에서도 자주 언급되지요. ("데이브가 XYZ에 실패했던 거 기억나세요? 이번에도 똑같았어요...") 리더들이 사용자 테스트 프로세스를 들여다보면서 동시에 친밀감을 형성할 수 있다는 증거도 되죠."

조직 내에 유사한 프로그램을 만들면 겸손함과 친근함을 알리는 데에도 도움이 된다. 경영진이 사용자 테스트에 참가하는 모습을 관찰한 직원들은 인사이트를 활용하여 훌륭한 경험을 구축하는 것이 얼마나 중요한 일인지 깨닫게 된다. 리더가 이런 일상적인 활동에 참여할 정도로 직원과 고객을 가깝게 느끼고 있다는 것도 보여 준다.

마지막 참고 사항: 회사 전체가 하나가 되어 고객 의견을 수집하고 활용하기 위해 노력해야 한다는 메시지를 강화하라. 모두가 같은 팀이다. 부서끼리 경쟁심을 느낄 수는 있지만, 다른 부서가 실험이나 인터뷰에서 좋지 않은 결과를 얻었다는 소식을 듣고 좋아하는 분위기가 형성되어서는 안 된다. 회사 전체가 즐겁고 원활한 경험을 만들어 고객에게 제공하기 위해 노력해야 하며 그렇게 할 수 있도록 지원하는 것이 임무다.

훌륭한 고객 경험은 기업이 매일 고객에게 집중함으로써 형성되는 기업과 고객 간의 살아 숨 쉬는 관계다. 성공하는 기업은 고객의 세계와 니즈를 탐구하고 이해하기 위해 고객과 끊임없이 대화하여 고객과

데이터의 함정

깊은 공감대를 형성한다. 이러한 노력은 고객으로 하여금 자신이 좋아하는 브랜드나 기업과 진정으로 연결되어 있다고 느끼게 하고, 그 연결은 충성도와 고객 가치를 높인다.

오늘날의 경험 경제에서 고객을 비즈니스의 중심에 두는 것은 더 이상 경쟁력 있는 차별화 요소가 아니라 기본적으로 요구되는 사항이다. 목적을 달성하는 데 도움이 되는 유용하고, 즐겁고, 신뢰할 수 있는 경험은 소비자가 기대하는 필수 요소이다.

모든 기업이 뛰어난 경험을 고객에게 제공하고 싶어 하지만, 모두가 성공하는 것은 아니다. 가능한 모든 접점에서 고객 경험에 전념하는 것이 상위 기업과 나머지를 나눈다. 세계적인 기업은 고객의 목소리와 언어에 귀를 기울이며 고객을 만나고 고객과 함께 변화한다.

당신의 회사도 세계적인 기업이 될 수 있다. 기존의 접근 방식에 인사이트를 더하기만 하면 고객 경험의 리더가 될 수 있다. 신생 기업이든, 기존 기업이든, 고객의 니즈를 진심으로 수용하면 공감의 격차를 좁히고 고객을 지원할 수 있다.

최고의 기업은 진심으로 고객을 비즈니스의 중심에 둔다.

'당신의 회사도 그렇게 되게 하라.'

저자의 말

앤디 맥밀런Andy MacMillan, CEO

소프트웨어 제품 개발 분야에서 경력을 쌓아 온 사람으로서 고객 피드백의 중요성에 특히 공감한다. 오라클Oracle과 세일즈포스Salesforce에서 제품 담당 임원으로 일하면서, 고객에 대한 이해가 좋은 경험을 제공하는 데 얼마나 중요한 역할을 하는지 직접 경험했다. 기술은 놀라운 일을 하지만 사람과 만나는 지점, 즉 고객 경험에서 가장 큰 가치를 발휘한다. 그 비결은 모든 의사 결정의 중심에 고객과 고객의 이익을 두는 것임을 깨달았다.

유저테스팅의 CEO로서 기업이 제공하는 경험의 모든 측면에 인사이트를 촉진하는 방식으로 고객을 찾고, 그들과 상호작용하는 것을 진심으로 좋아한다. 기술의 발전 속도가 인간과 기술의 상호작용 질을 능가하는 경우가 많으므로 오늘날 시장에서는 이러한 능력이 매우 중요하다. 고객을 경험의 중심에 두면 이 상황을 바꿀 수 있다.

자넬 에스테스Janelle estes, 최고 인사이트 책임자

평생 인간의 행동에 매력을 느껴왔다. 세 살이 되었을 무렵, 어머니가 나를 마트에 데려가 카트에 태우고 다니면, 예리한 눈으로 주변 사람들을 관찰했다고 한다. 일주일 후 "엄마… 마트에서 빨간 셔츠를 입고 있던 남자는 왜 치리오스 시리얼을 네 박스나 샀을까요?"라고 물었다고 한다. 엄마는 구체적인 상황을 떠올리는 내 기억력과 질문에 놀랐다. 나는 왜 그런 생각을 했을까? 왜 그런 것들에 관심을 가졌을까?

항상 놀랍고 기발하고 흥미로운 존재인 인간을 더 깊이 이해하고 싶었다. 그래서 인지 과학, 인간 공학, 디자인 사이의 흥미로운 교차점을 연구했다. 포레스터Forrester의 리서처이자 UX 전문가로 있으면서 닐슨 노먼 그룹Nielsen Norman Group과 수 주에 걸쳐 실험실 기반 사용자 테스트를 수행하고는 했다(이 분야가 수익성이 있기 훨씬 전부터 깊은 관심이 있었다). 점점 더 많은 기업이 원격 사용자 테스트 솔루션을 도입하고, 오늘날 비즈니스의 속도, 규모에 적합한 기술 기반 솔루션이 고객과 연결되는 방식을 크게 바꿔 놓는 것을 목격하면서 사용자 테스트를 연구하기로 결심했다. 사용자 테스트 수행 방법과는 상관없이 사람들이 사용자 테스트를 관찰하면서 '번뜩이는 깨달음'을 얻는 모습을 봐 왔고, 그것은 언제나 내게 영감을 주었다.

한결같이 인사이트의 중요성을 믿어 온 사람으로서, 틈새시장에서 작은 영향력을 미치던 이 분야가 많은 기업이 가치 있게 여기는 중요한 분야로 성장하게 된 것이 놀라웠다. 하지만 이 분야는 아직도 개발되지 않은 잠재력이 너무나 크기 때문에 더욱 폭발적으로 성장할 수 있다. 비즈니스를 위한 의사 결정 과정에서 인간애를 되찾아 주고자 하는 나의 열정은 식지 않았으며, 이 책이 더 많은 사람과 소통할 수 있는 완벽한 방법이라고 생각한다.

감사의 말

수십 년 동안 인지 과학, 인적 요인, 인체 공학, 휴먼-컴퓨터 인터랙션 등의 분야에서 인사이트의 중요성을 연구하고 옹호해 온 선구적인 개인과 조직에 이 책을 바친다. 사용자 중심 디자인, 인적 요인, 사용자 경험의 관행을 통합하고 발전시킨 그들의 업적은 이 책을 포함한 모든 작업의 토대를 마련해 주었다.

이 선구자들은 잘못된 디자인에 인간이 적응하는 것이 아니라, 사물을 인간에 맞게 디자인해야 한다는 신념을 가지고 있었다. 이러한 신념은 항공 산업 초창기에 중요한 역할을 했고, 제조업과 물리적 경험의 시대에 큰 영향을 미쳤으며, 현재 개인용 컴퓨터와 디지털 상호작용의 경제에서는 절대적으로 중요해졌다.

유저테스팅의 창립자인 대럴 베나타Darrell Benatar와 데이브 가르Dave Garr 역시 그들과 같은 선구적인 사상가이며, 진정한 고객 중심을 향한 그들의 노력 없이는 이 책을 쓸 수 없었을 것이다. 두 사람은 신속, 정확한 인사이트의 필요성을 느낀 1999년부터 모든 비즈니스 의사 결정에 인사이트를 반영해야 한다고 주장해 왔다. 데이브와 대럴은 고객의 경험을 기업이 경험할 수 있도록 비즈니스의 판도를 바꿔 놓았다. 덕분에 더욱 나은 세상이 되었고, 우리는 둘에게 큰 빚을 졌다.

당부의 말

이 책이 우리 회사에 관한 책이 되지 않도록 주의를 기울이며 썼다. 그렇다. 유저테스팅은 사용자 테스트를 쉽고 빠르게 만드는 기술 플랫폼을 운영하고 있다. 하지만 이 책에서 강조하고 싶었던 것은 테스트 플랫폼의 가치가 아니라 인사이트의 가치이다. 의도가 잘 전달되었기를 바라며 이 책이 유용하고, 계몽적이고, 객관적으로 읽히기를 바란다.

현재 사용자 테스트를 지원할 메커니즘이 없다면 추가적인 지침이 필요할 것이다. 필요한 경우 유저테스팅에서 도움을 받을 수 있다. 탁월한 능력을 갖춘 회사로 다양한 규모의 조직과 협력하고 있고, 우리가 만든 영상 중심의 인사이트 플랫폼은 고객이 생각하고 경험하는 것을 생생하게 보여 주는 것으로 유명하다. usertesting.com에서 더욱 자세한 내용과 추가적인 사례, 솔루션을 살펴보고 사용자 테스트를 시작하라.

파트너로서 비즈니스에 인사이트를 통합하는 작업을 함께하게 된다면 영광일 것이다.

데이터의 함정

초판 발행   2024년 5월 20일

펴낸곳   유엑스리뷰

발행인   현호영

지은이   앤디 맥밀런, 자넬 에스테스

옮긴이   이윤정

편 집   김보나

디자인   유어텍스트

주 소   서울시 마포구 백범로 35, 서강대학교 곤자가홀 1층

팩 스   070.8224.4322

이메일   uxreviewkorea@gmail.com

ISBN 979-11-93217-48-1

- 유엑스리뷰는 국내 최초, 최대의 UX 전문 출판사입니다.
- 저작권법에 의해 한국 내에서 보호를 받는 저작물이므로
  무단 전재 및 무단 복제를 금합니다.
- 유엑스리뷰에 투고를 희망하실 경우 아래 메일을 이용해 주십시오.
  전문서적부터 실용서적까지 다양한 분야의 도서를 출간하고 있습니다.
  uxreviewkorea@gmail.com